親が亡くなった

「ぼくは、どこで暮らしたらいいんや」

山下 幹雄 著

きょうだいからみた
"知的障害者の地域生活の現実"と
その根っこの問題

はじめに

　本書の原点は、著者の私が知的障害者の兄であることである。それは、知的障害者当事者がおかれている現実へのかかわりに対して全ての面で素人で中途半端な立場であることである。

　当事者でもなく、親でもなく、単なるボランティアでもなく、支援介護専従者でもなく、福祉行政担当者でもなく、福祉専門学者でもなく、医療専門家でもなく、人権法的専門家でもなく、政治家でもない。

　しかし、これらの立場の人達は深くはあるがセクショナリズム的で個別分断的な壁をつくり、壁から一歩踏み出した実践をしない傾向にある。

　一方、きょうだい（兄弟姉妹）は中途半端な立場であるがどの立場にも属さず固執せず、それらの立場の隙間とそれら間の連携の重要性に気がつき、現状の不充分さに対し新たな方向性を見出せることができる柔軟な位置にある。加えてきょうだいは、当事者と同時代を生涯、即ち時間的にも空間的にも持続して積み重ねて当事者の現実を真近で知る位置にある。

　このような認識が根底にあって本書の執筆に取り組んだ。

　即ち、本書の執筆動機は、「"自己主張が苦手な"成人知的障害者が、隔離的な施設ではなく、地域で在宅（同居・孤立）成人として厳しい暮らしをしている現実や、必要な人の 10％しか利用できないグループホーム生活の日々の現実、さらには 3％しか利用できていない支援付き一人住まいの現実の営み・はざまを、きょうだいと親亡き後との視点から主に選んだ **200 以上の日常の実例**を通して、

明らかにする」ことである。1、2)

　そしてそれらから見えてくる、当事者が地域で自立に向かって暮らしていくための課題と解決への入口を本書で提示する。

　解決の糸口のカギは「各種居住場及び重度制限なしで能動的な訪問支援介護の公的支援の量的・質的欠如」と「前述の各立場の人達の当事者を中心とした"持続的なつながりチーム"づくりの制度化」である。

　第1部では「現代の家族による障害者殺し」を、第2部、第3部では「地域での当事者の各種居住場の模索」と「障害に応じて当事者自身が自分で多様な意思を日々決める始まりの支援」について、著者自身の模索過程経験も含めて多数の実例を詳述する。第4部では「公的支援の欠如と課題解決への道」、「"当事者及び親"と"きょうだい"との関係の長い道のりの変化過程」、「私のささやかな地域活動」の実例を多数あげて紹介する。

　そして、第1部から第4部で明らかとなった問題の解決のために、その必要性を示唆する地域社会、即ち「具体的な多層構造連携共生地域社会構築のための中身」について終章で論じる。最後に四つの最低限の提言を簡潔に列記する。

　さらに付録として、本書の根底に流れる「"排除の論理"を乗り越えて"共生の論理"を広める」ための両者の論点を整理・列挙する。

　日本の障害者数は、936.6万人（人口の7.4％）である（2018年4月）。1)

この数は、2013 年の時に比べて 149 万人の増加である。全障害者のうち身体障害者 436 万人、知的障害者 108.2 万人、精神障害者 392.4 万人である。最近の著しい少子化のため全ての場合に高齢者の割合が増加し孤立核家族化しており、65 歳以上の人達の割合はそれぞれ 74％、16％、38％となっている。

　一方、学齢期以後の成人障害者が "まがりなりにも支援を得て" 生活する場、即ち大規模施設、隔離病院、グループホーム、支援付き一人住まいを利用できる人の割合は、それらを必要とする人の全数のわずか約 10％である。1)

　知的障害者に注目すると 108.2 万人のうち、各種公的支援付き住まいが利用できない在宅成人（18 歳以上）は、72.9 万人（徳島県の全人口に等しい）である。実に約 7 割の親が、「私達が死んでも待たされる」と嘆く絶望的な現実である。

　きょうだい・親・支援専従者・ボランティアをはじめ前述の種々の立場の人達のみならず、高校生以上の若者やいわゆる無関係層にも読んでいただき、日々の営みに少しでも活かしていただければ幸いである。

2021 年 5 月　山下幹雄

はじめに ………………………………………………………………………… 3

第1部　現代の家族による
##　　　　障害者殺しと隔離・監禁・苦悩

第1章　家族による障害者殺しの実例とその要因 …… 11
###　　　　～知的障害のある人を中心に～

序　節　家族による障害者殺し ………………………………………… 12

第1節　在宅生活環境下別の
　　　　障害者殺し・隔離・監禁・苦悩の実例 …………………… 14

第2節　家族による障害者殺しにおける要点整理 …………………… 21

第3節　家族による障害者殺しの
　　　　明らかになった直接的要因 …………………………………… 26

第2部 「ふつうに生きたいんや」
― 障害者の居住場の現実 ―

第2章　障害者の暮らしの現実の一端 31
～知的障害のある人を中心に～

序　節　障害者の思いを求めて
　　　　― 自立と支援の建設的関係づくりの始まりを ― 32

第1節　知的障害者をはじめ社会的弱者の
　　　　"自立" 以前の現実の一端 34

第2節　知的障害者の自立の始まりのために
　　　　必要な支援とは何か 45

第3章　障害者の居住場の模索 51
～知的障害のある人を中心に～

序　節　当事者が安心して意思決定できる
　　　　住まいの場づくりに必要な "前提基盤" 52

第1節　私の弟の居住場の模索のステップからわかる
　　　　様々な "実態" と "支援の壁" 54

第2節　当事者と家族、支援者が参加する
　　　　チームによる居住場探しの実例 65

第3節　多数支援付き一人住まいの実例
　　　　― JC1Lの活動から ― 70

第4節　居住場探しから明らかとなった支援の課題
　　　　― チームづくりを土台に ― 74

第3部　「わからへん」
― 障害者の意思決定支援 ―

第4章　障害者の意思決定支援 ································ 79
―意思決定の入口の支援―
～知的障害のある人を中心に～

序　節　日常生活における「意思決定支援」のプロセス ·········· 80

第1節　"知的よりそい支援（how）"と
　　　　「自己決定したい」を可能にする ··············· 84
　　　　"知的支援（what）"

第2節　自己表現の仕方による実例と意思決定支援 ··············· 95

第5章　障害者のオーダーメイド個別支援 ··············· 103
―当事者をどう受けとめどう支援していくか―
～知的障害のある人を中心に～

第1節　当事者の"what"（何）を受けとめ、
　　　　共有するオーダーメイド個別支援 ············· 104

第2節　パニック・トラウマに対処する
　　　　オーダーメイド個別支援 ················· 111

第3節　つながりをつくるための
　　　　オーダーメイド個別支援 ················· 116

第4節　障害者の人権問題に対する
　　　　オーダーメイド個別支援 ················· 120

第4部 「ここをこうしてほしいんや」
― 公的支援の実現ときょうだいの役割 ―

第6章　公的支援の欠如と問題の解決 ⋯⋯⋯⋯⋯⋯ 123
～知的障害のある人を中心に～

序　節　成人障害者の人権を保障するためにするべき
　　　　必要な公的施策 ⋯⋯⋯⋯ 124

第1節　必要な当事者全てに
　　　　地域で安心して自由に暮らせる住まいの保障を ⋯⋯⋯ 126

第2節　必要な当事者全てに
　　　　能動的な在宅訪問による相談支援、介護の保障を ⋯⋯ 132

第3節　必要な当事者全てに
　　　　住まいの保障と相談支援の実現のために ⋯⋯⋯⋯ 134

第7章　きょうだいが当事者にできる支援 ⋯⋯⋯ 141
～知的障害のある人を中心に～

第1節　きょうだいと当事者との関係 ⋯⋯⋯⋯⋯ 142

第2節　きょうだいの当事者への役割 ⋯⋯⋯⋯⋯ 151

第3節　－私の場合－つながりを生む場をつくる
　　　　ささやかな地域活動の積み重ね ⋯⋯⋯⋯ 163

終　章　三面体多層連携構造の
　　　　共生地域社会を構築するために ⋯⋯⋯ 176

付録・排除の論理　VS　共生の論理 ⋯⋯⋯⋯ 188

参考文献 ⋯⋯⋯⋯⋯⋯⋯⋯⋯⋯⋯⋯⋯⋯⋯ 196

現代の家族による障害者殺しと隔離・監禁・苦悩

第 1 章

家族による
障害者殺しの
実例と
その要因

～知的障害のある人を中心に～

家族による障害者殺し

　非常に多くの障害者が在宅、同居、孤立の環境で支援のない生活下にあり、それが家族等による障害者殺し、無理心中、孤独死、隔離、監禁などの最悪の事件を引き起こしている。

　例えば、社会福祉学者、夏堀摂氏の朝日新聞の記事のみを利用した集計結果では、1951 年から 2006 年の間に、絶対に許されない事件が 345 件起きていると報告している。3）

　また、社会福祉学者、杉野昭博氏の新聞（朝日、読売、毎日、産経新聞）の記事の 1995 年から 2012 年までの集計結果では、126 件である。4）

　夏堀氏の論文から、次の重要な点が指摘されている。

① 成年障害者の被害の 1990 年代以降の急激な増加。

② 知的障害者の被害の同年代以降の急激な増加、中でも彼らの成人期以降の被害の増加が著しい。

③ 在宅・同居の場合の事件が圧倒的。

④ 高齢親による加害の 1990 年代以降の増加。

　この傾向は、2012 年までの杉野氏の論文においても同様あるいはそれ以上であると述べている。そこでは、親等による障害者殺しの 45% が知的障害者で最大であると報告している。4）

　さらに、2015 年には、川向氏により"親亡き後の障害者の生活支援"に関する論文が発表されている。54）

第1部では、最近約8年の事件を取り上げ、主に成人知的障害者に注目し、周囲を取り巻く状況の違い、家族構成、年齢の違いによって分類する。

　知的障害者に注目する一つの理由は、人間として生きるために最も重要な一つである、本人による意思決定の尊重が特に知的障害者に対してはされにくく、意思決定と孤立との関係がこれら最悪の事件に大いに関与していると思われるからである。

　個々の事件のできる限りの詳細状況、特に「生活環境」と「つながり」と「公のかかわり」と「偏見・差別」について論及する。高齢家族、病気家族、一人親、きょうだいのみ、家族亡き、孤立などの関係についても言及する。

　それらの事実から、親、きょうだい、地域の人達、支援者に加えて公が学べる内容を引き出したい。このため、2012年1月から2019年9月までに起こった家族による障害者殺し（無理心中未遂も含む）について、朝日新聞記事データベース "聞蔵Ⅱ" を活用し調べた。全部で21件＋1件である。

　その内訳を多い順に示すと、

　1、何らかの理由で、一人親で同居している場合（8件）。

　2、両親がいるが、家族のいずれかが認知症など病気の場合（4件）。

　3、高齢の両親と同居している場合（4件・他に隔離・監禁2件）。

　4、両親が亡くなっていてきょうだいと同居している場合（1件・他に母亡き後の娘の人生相談1件）。

　5、祖父母のみと同居している場合（1件）。

　6、母一人が、重度障害の子、手足麻痺の実父、認知症の実母の暮らしを支えている場合（1件）。

第 1 節

在宅生活環境下別の
障害者殺し・隔離・監禁・苦悩の実例

　在宅、同居生活環境の違いに沿って以下に記す。ただし、家族亡き（支援なし）と独居障害者の死については、第 2 部に実例を示す。

（1）病死・離婚等の理由で「一人親」の場合

　① 父が障害のある娘と無理心中：2018 年 10 月（福岡県）
　娘（29 歳）は知的障害者。母が 8 日前に病死し、父（71 歳）と娘の二人暮らしになった。娘の成年後見人が、新聞が溜まっているのに気がつき交番に知らせて無理心中を発見。

　② 弟が障害のある姉と認知症の母（承諾）を殺害、自身は自殺
未遂：2018 年 9 月（埼玉県・事件現場は栃木県）
　姉（66 歳）は知的障害者、母（90 歳）は認知症、弟（61 歳）自身は、仕事に失敗し多額の借金。父は約 1 年前に死亡、弟自身とその妻が仕事をやめ姉と母を介護。

③ 兄が障害のある弟を刺殺後自殺：2017 年 9 月（埼玉県）

　弟（55 歳）は普段は市内の障害者施設に入所していた。この日は一時帰宅していた。母（82 歳）と兄（60 歳）とが同居。

④ 母が児童養護施設からの一時帰宅中の娘を殺害、自身も自殺未遂：2016 年（秋田県）

　娘（9 歳）は、4 歳の時から児童養護施設に入所。しっかりした子に育っていた。母（41 歳）が 7 年前に離婚し、その 2 年後に彼女は入所した。離婚後の父（44 歳）も娘に会おうと試みたが、母が拒否。母が児童養護施設から一時帰宅中の娘を殺害し、自身も自殺未遂。父は、娘が亡くなって 1 年後にこの事件を知った。

⑤ 息子が障害のある母を承諾殺害：2016 年 6 月（栃木県）

　母（76 歳）は脳出血右半身不随となり介護施設に入所。末期がんの息子（41 歳）が介護疲れ、二人暮らし。

⑥ 母が障害のある娘を殺害し、自身も自殺未遂：2016 年 6 月（北海道）

　母（65 歳）と発達障害の娘（42 歳）との二人暮らし。母が障害のある娘を殺害。母は、パチンコなどで多額の借金を抱え、自殺を考えていた。

⑦ 母が息子 2 人と無理心中未遂：2015 年（滋賀県）

　軽度な精神障害で無職の母（44 歳）が育児に悩み、健常の 2 児（4 歳と 8 歳）と無理心中未遂。

⑧ 父とひきこもりの次女と健常の長女と承諾心中：2015 年 12 月
（千葉県）

　いじめによりひきこもりとなった次女（22 歳）の面倒を中心的
にみてきた母が、1 年前にがんで亡くなる。父（47 歳）が重いう
つ病となり仕事も行けなくなり自殺をはかった。それを知り、次
女とその姉（23 歳）が承諾して父に殺害された。

（2）両親あるいはいずれかが「病気」の場合

① 母が障害のある娘と入水心中未遂：2018 年 6 月（滋賀県）

　重い障害の長女（25 歳）が 1 年前まで生活介護事業所に通っ
ていたが、いじめられ本人が通所を嫌がり在宅となる。父とその
親戚との間でトラブルがあり、その影響で母（54 歳）がうつ病と
なる。在宅後は、母が重度障害の娘の生活全般の介護をしていた。
心中未遂後、入院治療を始めており、親族や行政の支援を受けな
がら長女と同居を続け、自立への意思を示している。

② 娘が、認知症の母と仕事をやめた父と 3 人で無理心中：2015
年 11 月（東京都）

③ 父が障害のある長女を殺害：2015 年 2 月（和歌山県）

　長女（41 歳）は、3 人きょうだいの末っ子。長女は高校を卒
業し就職。両親はやさしく、いろいろなものを買って来てくれた。
一方で、小学校から高校までいじめにあう。高校卒業後 6 社を転

職した後、ひきこもりとなる。在宅後、皿 10 枚を窓から隣の家に投げたり、後に包丁も投げる。家のガラスを割ったり、台所の壁や冷蔵庫を無数にへこませたりするようになる。母（75 歳）を標的とし、肺炎で足腰の弱い母には肩や手に刺された傷跡も。保健所からの訪問を長女は拒否。医者は、情緒不安定性人格障害と診断。入退院を 11 回繰り返した。入院した時の日記には、「生きていることがとても苦しい。弱い顔を見せることができるのは家族だけです。今ね、とても心が疲れきっています」と書いている。父（81 歳）と母は、長女から 20 年間暴力を受け続けた。一番苦しんでいたのは長女だった。「お父が足らんかった。許してくれ」。父は、自身の日記に長女の病状等を 20 年間以上記録していた。父は娘を殺害後、自宅を事業所として開放している。

④ 母が障害のある長男を殺害し、長女を殺人未遂：2011 年 1 月（東京都）
　長男（4 歳）は発達障害、長女（6 歳）は健常。適応障害のある母（36 歳）の出所を、父と双方の両親、長女が待ちわびている。

（3）両親が「高齢」などの場合

① 父が障害のある長男を殺害：2018 年 9 月（栃木県）
　長男（43 歳）が精神障害となり、母（65 歳）が精神病院を予約した直後に長男に殺害された。その直後、父（71 歳）が帰宅しもみ合いとなり長男が殺害された。

② 障害のある息子が祖母・母・妹を殺害、父に重症を負わせる：2016 年（静岡県）

　長男（34 歳）が妄想性障害を発症し、祖母（83 歳）、母（62歳）、長女（32 歳）を殺害。父は重症。

③ 父が障害のある三男を包丁で刺す：2014 年（東京都）

　精神障害のある三男（28 歳）は、家族に暴力をふるっていた。父（64 歳）が、三男を包丁で刺して殺害。

④ 父母が障害のある長男と無理心中：2012 年 10 月（福島県）

　父（60 歳）、母（58 歳）、知的障害のある息子（31 歳）の 3人家族。息子は、市内の通所施設を利用。両親が息子と無理心中をはかる。息子は、コミュニケーションを取ることが苦手だったが、施設利用後に学んだ卓球を通して地域の人達と交流をしていた。父母は、利用施設宛の手紙を長男の側に残していた。引き取り手がなかった 3 人の遺骨は、福島市内の寺院が引き取り永代供養を行った。住職曰く、「生きるのが不器用な人が追い詰められていく社会のあり方に目を向けないといけない」と。

⑤ 父が障害のある長男を自宅にあるプレハブ内の檻に監禁：2018 年 4 月（兵庫県）

　父（70 代）が、精神障害のある 40 代長男を監禁。長男がものを壊して大きな音を出し近所から迷惑だと父は言われていた。家族は、何度か市や関係機関に相談していたが支援されなかった。

⑥ **父母が障害のある長男を監禁**：2019 年 4 月（大阪府）

　父（45 歳）と母（41 歳）が、知的障害のある長男（22 歳）を自宅の 1 室の扉を開閉できない状態で監禁。

（4）親亡き後等で「きょうだいのみ」の場合

① **姉が障害のある妹と無理心中**：2015 年 12 月（東京都）

　1 年前に母を亡くし、無職の姉（46 歳）と障害のある妹（43 歳）の二人暮らしとなった。妹は、月 2 回の話し相手ボランティアを利用していた。住民と挨拶もしていた。区職員が姉に通所施設利用を勧めたが、姉が「妹は、行かないと言っている」と伝えていた。無理心中の 1 日前に、姉はマンションの消防訓練に参加。区担当者や民生委員が福祉サービスを受けるように勧めるが断わる。自治体は、「支援を勧めることや実態把握は、難しい」と言っている。

② **母が障害のある息子と心中願望**：2017 年 8 月（東京都）

　知的障害のある兄（24 歳）と健常の妹（22 歳）と、父母の 4 人家族。母は、「親亡き後は、障害のある息子を施設に入れないで」と娘に息子の世話を懇願。一方母は、息子と心中願望。妹は、家族と離れて寮生活。妹曰く、「家族が嫌いではなく、人一倍思い入れがあるが、兄と生きていく自信がない」と、新聞に人生相談を投稿。

（5）「祖父母のみと同居」の場合

① 祖母が障害のある孫娘と無理心中：2016 年 12 月（秋田県）

知的障害のある孫（22 歳）が、数週間前から高齢の祖父（77歳）と祖母（73 歳）と一緒に暮らし始めた。近隣は、若い女性が一緒に暮らしているとは全く知らなかった。

（6）「一人親が支えて暮らしている」場合

① 母 1 人が、重い障害のある息子、手足麻痺の実父、認知症の実母と生活：2015 年 12 月（東京都）

息子（27 歳）は重度 1 級障害、父（90 歳）は脳性麻痺の後遺症があり、母（86 歳）は認知症。母親（娘）が、毎日介護に明け暮れ、ヘルパー派遣及びショートステイを利用して暮らしている。度々、つぶされそうになる時は友人や近隣に家族の話を打ち明けている。

家族による障害者殺しにおける 要点整理

第2節では、第1節の実例を以下で、Ａ加害者、Ｂ被害者、Ｃひきがね、Ｄ周囲状況と区別してまとめる。

【第1節の実例の要点表】

（1）一人親（8件）

	Ａ加害者	Ｂ被害者	Ｃひきがね	Ｄ周囲状況
①	高齢父（71歳）	知的障害の娘（29歳）	母親が8日前に病死	成年後見人が気づき交番に知らせる
②	弟（61歳）	知的障害の姉（66歳）	弟の仕事の失敗・借金、認知症の母（90歳）をも妻と介護負担	1年前に父が死亡、妻は介護のために仕事をやめる
③	兄（60歳）	知的障害の弟（55歳）	弟が入所施設からの一時帰宅時	兄と高齢母（82歳）が同居 兄は殺害後自殺

	A 加害者	B 被害者	C ひきがね	D 周囲状況
④	母（41歳）	児童養護施設入所の娘（9歳）	娘が施設から一時帰宅時	離婚し母子で暮らす。娘は離婚2年後より入所し、父は母より娘の面会拒否
⑤	末期がんの息子（41歳）	半身不随で介護施設入所の高齢母（76歳）	介護疲れ	二人暮らし
⑥	高齢母（65歳）	発達障害の娘（42歳）	母の多額借金	二人暮らし母も自殺未遂
⑦	軽度精神障害の母（44歳）	（無理心中未遂）健常の息子2人（4歳と8歳）		母は無職で育児悩み
⑧	重いうつ病の父（47歳）	ひきこもりの次女（22歳）健常の姉（23歳）	介護してきた母が1年前に亡くなり、父はうつ病となり無職	三人暮らし

（2）両親あるいはいずれかが病気（4件）

	A 加害者	B 被害者	C ひきがね	D 周囲状況
①	うつ病の母（54歳）	（無理心中未遂）重度障害の長女（25歳）	長女が事業所でいじめをうけ通所を拒否後、在宅となり、介護重負担	いじめ。父とその親戚間のトラブルで母がうつ病となる
②	娘	（無理心中）母と父		母は認知症、父は無職
③	高齢父（81歳）	情緒障害の長女（41歳）	健常の長女がいじめにあい、ひきこもり、家具破壊や父と病気の母（75歳）を長年攻撃	長女は入退院11回、保健所からの訪問拒否父は長女の病状20年記録と懺悔
④	適応障害の母（36歳）	発達障害の長男（4歳）と健常の長女（6歳）（長女は未遂）		父・長女・両者の両親が出所を待っている

（3）両親が高齢など（6件）

	A 加害者	B 被害者	C ひきがね	D 周囲状況
①	高齢父（71歳）	精神障害の長男（43歳）	母（65歳）が長男の精神病院入院予約時に長男に殺害され、直後父が帰宅しもみあいとなる	
②	妄想性障害の息子（34歳）	祖母（83歳）母（62歳）妹（32歳）（父重症）		
③	父（64歳）	精神障害の三男（28歳）	三男が家族に暴力	
④	父（60歳）母（58歳）	（無理心中）知的障害の長男（31歳）		長男は通所施設を利用し、卓球で地域交流
⑤	高齢父（70代）	（長男を監禁）精神障害の長男（40代）	長男の大声に近隣から迷惑だと苦情	何度か市や関係機関に相談したが支援なし
⑥	父（45歳）母（41歳）	（長男を監禁）知的障害の長男（22歳）		

（4）きょうだいのみ （2件）

	A 加害者	B 被害者	C ひきがね	D 周囲状況
①	姉（46歳）	障害の妹（43歳）	1年前に母を亡くし妹が施設利用を拒否、姉は無職	妹は話し相手ボランティアを月2回利用、支援利用を姉が拒否
②	（加害者の可能性）妹（22歳）	知的障害の兄（24歳）	兄の世話を懇願されるが、兄と生きていく自信がなく精神的に追い込まれる	母は心中願望があり、妹は自宅を離れて寮生活、兄をどうすればよいかと悩む

（5）祖父母のみ （1件）

①	高齢祖母（73歳）	知的障害の孫娘（22歳）	数週間前から高齢祖父（77歳）祖母と同居	近隣は若い女性との同居を全く知らず

（6）一人親が支えている （1件）

①				母一人が、重度障害の息子（27歳）、身体障害の父（90歳）、認知症の母（86歳）を介護、近隣の友人と交流あり

第**3**節

家族による障害者殺しの
明らかになった直接的要因

● 4つに大別できる直接的要因

　本節では、第1部の主題である家族による障害者殺しの直接的
要因について明らかにする。

　直接的要因を大別すると、

A 家族がおかれているハード的要因

B 家族におけるソフト的要因

C 障害者に接する公的担当者の対応によるもの

D 障害者を取り囲む偏見差別

に分けられる。

A　家族がおかれているハード的要因

① 家族自身や関係者による、介護の超オーバー負担

　・当事者が同一居住場所である二〜三人暮らし：12件（57％）。

　・60歳以上が加害者：11件（52％）。

　・家族が認知症やうつ病：7件（33％）。

・55 歳以上の高齢障害者が被害者 : 3 件（14％）。

② **家族の経済破綻**

・借金や無職や退職等、 15 件（71％）。

③ **当事者の一時帰宅時における誘発**

・ 3 件（14％）。

B　家族におけるソフト的要因

④ 当事者、家族による支援拒否、2 件（10％）。

C　障害者に接する公的担当者の対応によるもの

⑤ 公的担当者の不適切、不充分な対応や担当者数の量的不足、2 件（10％）。

D　障害者を取り囲む偏見差別

⑥ いじめによるひきこもり、3 件（14％）。

⑦ 近隣等の無関心偏見差別、2 件（10％）。

　これらの結果から家族による障害者殺しの最大要因は、家族の経済破綻（71％）と核家族化（57％）と、障害者を含めた家族の高齢化（52％）であることがわかる。最近のわが国の貧富の格差拡大と、顕著な核家族化高齢化による家族の孤立が、この要因をさらに加速させている。

● 家族による障害者殺しの直積的要因は複合している

　しかし、実際にはこれらが強弱の違いはあるが、複数の要因が絡んでいる。前節の表のいずれかの状況にわが身が追い込まれた時、同様なことを起こさなかったと誰が言いきれるであろうか。

　例えば、前節の表（1）の①、住まいが確保されている前提で考えてみる。高齢で無職の父が、一人で知的障害の娘と毎日一緒に暮らしている。三度の食事、生計の維持管理、買い物、外出、話し相手、心支援、入浴、掃除、洗濯、整理整頓、ゴミ出し、病気、災害等緊急時対応、余暇、友人近隣、行政窓口への対応などなど、とてもこの状況の二人暮らしでは、やっていけないであろう。

　前節表の（1）の②、4人暮らしの場合でも、生計維持者の高齢の弟が仕事に失敗して借金を抱え、その妻が知的障害の高齢義姉と90歳の認知症義母の介護のため仕事をやめ、一日一日を懸命に暮らしている。

　精神障害者やひきこもりの人達の場合には、さらなる要因がある。前節表の他のそれぞれの場合にも、深く気がつけばつくほど出口のない気持ちになっていく。

　前述した、引き取り手のない遺骨を永代供養された住職が指摘されているように、**「生きるのが不器用な人が追い詰められていく社会のあり方に目を向けないといけない」**という言葉に、真摯に対応していく必要があるだろう。5)

● 背景に、障害者の自立する居住場不足問題がある

　そして、障害者殺しの最大の背景要因は、成人障害者の状況に適した支援付き暮らしの場が、圧倒的に少ない現実である。1)「厚生労働省白書」が発表しているように、支援内容の問題を問わなければ、１割程度である。

　このため、全く素人の家族が孤立し、「"在宅"として抱え込むしか選択の余地がない」という思い込みに囚われ、追い込まれている状況になっている。さらにこのことが、障害者家族が"親亡き後"の問題の解決を見出せず、絶望し、殺人を犯す素地となっている。

　"ふつう"の人達は、成人になるにつれて親元から離れて自活していける居住場がある。しかし、成人障害者にはそのことを可能にするための支援付きの各種居住場や、基本的人権が保障される居住場が、必要としている障害者の７割の人達にはない。いわゆる、"合理的配慮"がなされていないのである。7)

　被害者は、知的障害者が 11 件（52％）、精神障害者が６件（29％）、その他４件（19％）である。また加害者のうち、精神障害が２人、うつ病が１人、適応障害が１人、妄想性障害が１人、末期がんが１人である。

　知的障害者が被害者の半分以上である事実は、当事者の意思決定が実現可能な、合理的配慮ができていないためである。精神障害者に対しても同様である。

　この問題について、第２部、第３部で論じていく。

「ふつうに
生きたいんや」
－障害者の居住場の現実－

プレゼントありがとうございました
とらさんに会えてよかった。
山下茂

弟からの絵葉書より

第 2 章

障害者の
暮らしの
現実の一端

～知的障害のある人を中心に～

私（左）と弟（右）：大阪城にて

障害者の思いを求めて
－自立と支援の建設的関係づくりの始まりを－

　誰でも、自分の思いを実現して"自立"しようとすればするほど、他者との関係性が強くなり"依存"を必要とし、求める。

　例えば、この世に生を受けた直後の自身では、何もできない。「育ててもらう」から始まり「教えてもらう」、「助けてもらう」、「支えてもらう」、「認めてもらう」、「助け合う」、「協力し合う」、「パートナーを持つ」、「実現したい」……と、年齢と共に死に至るまで、他者に頼る「依存」は欠かせない「営み」となっていく。

　このように、**どんな人でも障害があろうが障害がなかろうが、「自分一人では生きていけないし、他者もまた、一人では生きていけない」。**

　また、依存の中身の具体的な変化は、一人ひとりの自立へのスピードに合わせて行われなければならない。

　人間社会の存続にとって、「自立 (independence) と、依存 (dependence) を自己と他者が共有する」ことが必須条件なのである。

　この自己と他者との間を結びつける行為の中には、「いきがい」、「他助」、「愛」、「自己肯定」、「自己実現」から「自分ファースト」、「他者否定」、「自己否定」に至る関係性が存在する。前者の５つは、より多くの人達が「生きていく」ための必須の営みである。しか

し、後者の3つの究極は、上述の人間社会の存続を不可能にする。

　自立とは、「誰の助けも得ないということではない」ということに、必要以上に目を奪われてはいけない。17)

　社会とは、「人と人とが相互に助け合うつながりによってできている」が、違う人間どうしが「共に生きていく」にはどうするか。

　自立も依存もその中身は一人ひとり異なり、人の数だけあり、且つ、時と場合によっても違い、多様である。両者は、キャッチボールをしながら多彩に循環している。

「いきがい」とは、他者の存在が自己の存在を必要としている、自己の存在が他者の存在を必要としていることを、自己が感覚的であれ知覚的であれ認めることである。

　ここで述べている自己も他者も、障害があろうがなかろうが関係なく、全ての人にあてはまる。立ち止まって少し考えれば、誰でも気がつく共存の**共有感覚認識**である。

　しかし、このことが社会の常識として根づいていない。特に社会的弱者の人達に向けられる視点として欠如している。

　知的障害者のハンディとして**"自己主張、自己伝達、自己決定、自己行動の不得意"**がある。知的障害者の自立と支援との関係をつくっていくためには、この視点を自覚することは必要不可欠である。

　また、支援を受ける他者と支援をする自己の間には、往々にして思い込みやすれ違いや押しつけ感が生じることがある。

知的障害者をはじめ
社会的弱者の "自立" 以前の
現実の一端

　成人後の当事者にとって最も重要な意思決定は、どこに住み、暮らすかであろう。知的障害者の暮らしの現実の一端を紹介する。

① 高齢一人親と知的障害者の
地域での暮らしの場の現実
　　　親亡き後が見えない

　私が行っている地域学習会でのことである。60代の母一人親が、「知的障害の在宅のこの子が亡くなった次の日に、私はコロリと死にたい。（隣に座っている40代の障害の娘さんに対し）**私が亡くなったらどうするの**」。その時の娘さんの表情には、言い表せない気持ちを感じた。9)

　私自身も何も言えなかった。若い時からの地域自立支援が必要である。

　一方、この「ピンピンころり」の情念の究極は、例えば、親が死期を悟った場合、障害の子を殺した後に親が自殺する「一家心中」を宣言することと裏表の関係にあり、同じことである。

② 施設での成人後の暮らしの場の現実

家族の都合によりやむなく

相模原障害者施設殺傷事件（2016年）、47人殺傷から。

入居当事者の証言、「施設入居者達は、自ら選んでこの地に来た わけではない。家族の都合によりやむなくここで暮らすようにな り、いつの間にかここでしか暮らせなくなってしまった。管理だ らけの生活は刑務所みたいだった。ずっと社会に出てみたかった けど、職員に、**「自分では何もできないでしょ、自分でできるよう になってからと反対され続けた」**。6) 事件1年後の追悼集会では、 親が「社会が助けてくれるなんて、そんな社会なんてどこにある んだよ！親にとっては、今なんだよ。**助けてくれる社会なんても のがあるなら、今ここに連れて来いよ！」**と。10)

この問題の根底には、地域での居住場、支援者の圧倒的な量的、 質的、及び多様性の不足がある。

③ 親亡き後を見据えた成年後見制度利用の現実

安易な利用の一例 25)

知的障害があるが、言葉でのコミュニケーションが可能な息子 （30歳）は、親（70歳）と暮らし、通所施設とヘルパーを利用し 自宅で楽しく過ごしていた。時々てんかん発作がある。また、精 神的に不安定になると、自傷行為や破損行為や人に迷惑をかけた りすることがあった。親がかねてから探していた施設が遠隔地で 見つかり、「嫌になったら帰れるから」と言って入所させた。

当事者のお気に入りのヘルパーが半年後に施設を訪問すると、彼は自傷行為で傷だらけで**「ここを出たい」**と強く言った。ヘルパーは、親に伝えたが拒否され、福祉事務所に相談した。事務所担当者と親が相談し、親の希望により成年後見人として弁護士をつけることになった。**成年後見人は、本人の意向を聞くことなく、親の意向に沿って「施設契約を継続」した**（自傷行為の防止は求めたが）。その後本人は、50歳で施設内の事故で亡くなった。

　　私と知的障害のある弟の場合：

　● **裁判所へ生活遍歴等の説明と当事者との交流**

　私は、3歳下の知的障害の弟（60代）と2人きりになった後、成年後見人申請を家庭裁判所に申し立てた結果、最初の数年は、見ず知らずの弁護士（財産管理担当：月数万円支払う）と私（それ以外の生活一般担当：無給）が指定された。

　その時、家裁担当官に長文を渡し、弟の生活履歴等を説明した。さらに、直後指定弁護士と会い長時間にわたって同様の説明と役割分担と当事者との交流と、相互連絡を確認し、別の長文を渡した。数年後、家裁から成年後見人が私だけに変更され、現在に至っている。

④ **若い姉が多重介護する現実**
　現実をどうすればよいか 11)

───────────────────────────

　要介護となった母と、盲目で寝たきりの弟の2人の多重介護を、

近隣に住む若い姉がするようになった。母の世話と、仲の良かった弟の全ての世話をしながら、弟の死を願う思いも浮かぶ姉の日々。

⑤ 親亡き後の高齢知的障害者の地域暮らしの模索の現実
きょうだいのかかわり

私と知的障害のある弟の場合：

● 実家で知的障害の弟と二人暮らししていた姉の発病

私達は、12歳年上の姉と3歳年下の知的障害の弟と、私の3人きょうだいである。姉と弟は両親が亡くなっても生まれ育った家がある京都で暮らしていた。兄である私は、妻と娘とで札幌で暮らしていた。

弟が60歳の時、姉ががんであることがわかり、姉と妻の同意を得て札幌の北海道大学病院への転院を交渉、入院と共に、弟は私達家族と急遽住むことになった。弟に何ら意思確認することなく充分な準備も説明もなく、強引な突然の引っ越しであった。

弟が京都の自宅を離れたのは、若い時数年、滋賀県のS青年寮での生活寮以来のことであった（私達夫婦は新婚旅行で訪問した）。

弟にとって、選択の余地もなく、知らない街に住む不安の中、10月初め、60歳になってからの全く未経験の雪国に向い、生活が始まった。

私と妻の生活も変わった。私は勤務先の大学での大型プロジェクト代表の仕事と、姉の見舞いに加えて、土日の弟との作業所探し、市、区役所の相談所訪問が危急の仕事となった。

平日の日中2人のみで過ごす妻は、食事、洗濯、話し相手と散歩相手、引っ越しに伴う書類処理など、支援仕事に追い回されることとなった。

　2週間後に姉は亡くなった。私達家族と弟と故郷京都での葬儀の後、「弟の今後の暮らしの場をどうするか」が、最大の課題となった。私は、妻に一緒に暮らすことを強いたが、妻の精神的状況は極限に達していた。

● グループホームでの生活が始まる

　日中、弟を伴ってさらなる作業所探しに加えて、近隣で滞在できるホテル、グループホーム（以下GH）、施設などの資料、リストを市、区からもらい、住まい探しを始めた。

　私は、弟と一緒に各所を訪問したが、弟と暮らしの場所についてゆっくりと話し合い、意思確認をすることはなかった。気がつく余裕はなかった。そのすべもなく、弟と話し合っても答えは返ってこないだろうと無意識に決めつけていた。

　土日は、寿司屋、プール水泳、映画、市内歩き、大学構内散歩、一泊旅行など、2人でできるだけ外出することにした。地下鉄ではぐれたこともあった。

　最後に決めた作業所へのバス乗車の練習、運転手へのお願い、職員への挨拶交流、私の勤務時間調整など、厳しい条件をクリアすれば利用可能な、公的制度や移行支援そのものであった。

　紆余曲折の後、GHの見学をした。暮れの押し迫った12月29

日にもかかわらず、施設長、職員の方との面談と共に、ＧＨの部屋を２人で見学させてもらえる機会ができた。弟に確認し、そこに決定した。弟の気持ちを充分にくみ取ることなく慌ただしく決まった感がある。弟は言葉が少なかった。

　妻が中心に弟らと家財用具を揃え、１月４日には自宅から比較的近い札幌近郊のＧＨに引っ越した。職員の案内の下、個室と併用の居間、台所、風呂などを見て、もう一つの個室に住んでいる方に家族全員で挨拶をした。

　作業所を中心に近くに少人数のＧＨが複数あり、地域の静かな住宅街の各家の間に溶け込んだ、アットホームな暮らしの場であると感じた。

　隔週土曜日、弟とレストランでの食事とレクリエーションを楽しむ機会を持った。ＧＨでの暮らしについても話し合った。何カ月か後、同運営の近接にある６人ＧＨ（各個室）へ転居した。

● 弟は札幌で私は関西で暮らすことに

　１年７カ月後、私が退官し家族と故郷関西へ移住した。移住する数カ月前に、弟と私とＧＨ職員とでどうするかを話し合った。すぐに結論を出さず何回かの話し合いの後に、「このまま札幌のＧＨにいたい」との弟の意思で、弟は札幌で暮らすことになった。

　関西移住後、私と妻が、弟、ＧＨ職員と頻繁な電話交換を行った。しかし、弟は妻にはよく話すが私には生返事が多くなった。

　年３回、弟と私とＧＨ職員とで食事し、歓談し、温泉旅行を楽しんだ（弟も温泉がお気に入り）。

京都への旅行の時には、家族の墓参りや、妻と弟の元特殊学級の先生とも会い、飲食を楽しんだ。ＧＨ職員も参加し、先生と知己になっていただいた。

　一方で私は、関西での弟の生活場探しを始めた。私の常勤による時間の拘束がなくなり、関西での非常勤がそのことを可能にした。かつて弟が京都、滋賀でお世話になっていた人達に相談した。弟が京都在宅時代に信頼し、40年以上相談に付き合っていただいている上記元特殊学級の先生にも相談した。

　約１年後、札幌のＧＨ職員から、弟がＧＨ近接の最新の精神病院へ入院したと突然連絡があった。直接の原因は、個室のドアを壊したことと仲間とのトラブルであった。施設長が弟と話し合いを持ったが、飛び出してしまって話し合える状況ではなかったとのことであった。洋間四畳半ぐらいの隔離個室、薬の服用、病院内での食事、入浴、洗濯、レクリエーションなどの生活が始まった。

● 再び故郷の関西へ

　入院の連絡が来た直後、私は弟が若い時に一時暮らしていた滋賀県のＳ青年寮でのショートステイなどの相談を開始した。

　京都へ宿泊旅行を兼ねて、札幌のＧＨ職員と一緒に、青年寮施設長他と寮で弟に会っていただき、話し合った。

　何回か、私、ＧＨ、寮３者の連絡のし合いを経て、青年寮側、ＧＨ側のショートステイの了解後、私は札幌で病院部長と面談し、隔離個室を例外で見学させていただいた。

弟が了解する前提を条件に、部長及びＧＨ職員がショートステイを了解するとのことであった。弟とも話し合ったが、はっきりした答えは得られなかった。

　再度、青年寮施設長の了解を得て、ショートステイ１カ月後の時点で、その後のことを判断することになった。一方で、青年寮がダメな場合を考慮し、ＧＨ職員から札幌のＧＨの籍は残す了解をいただいた。

　その後、強引に移動、転居した。最後まで弟ははっきりとした意思表示はしなかった。この時、私の意思が強すぎたと反省している。青年寮施設長に札幌まで迎えに来てもらい、ＧＨ職員が立ち合い、病院部長にお別れの挨拶をし、弟と私と３人で次の日に病院から青年寮へ直行した。

　その日の夜、青年寮で歓迎会を開いていただいた。かつての友人と出会い、弟と歓談した。しかし、弟は緊張気味で硬かった。新築マンションのような青年寮で、生活を開始した（その前後には、生活必需品の移送や購入、転居手続きの書類整備など）。

　新しい生活は、青年寮で少しゆったりした生活で、日中は陶器作業所（旧高齢仲間と）通いの毎日であった。１カ月後、弟、私、元特殊学級の先生、青年寮の理事長、施設長、担当職員、寮利用者の親との面談で、寮での生活続行は断られた。

　弟は、青年寮でのさらなる生活の問いに沈黙した。断られた理由は、「本人意思表示なし」と「対応できる職員不足」などであった……。弟、私、ＧＨ職員とで青年寮から札幌のＧＨへ戻る結果となった。

● 再び、札幌のグループホームでの生活が始まる

　再び、札幌のGHでの生活が始まり、作業所、前記病院付属院外利用者可のデイケアを利用している。弟、70歳。

　毎年、私の妻へ母の日の花のプレゼントと、妻から弟に誕生日のプレゼントを行っている。歳と共に明るくなり、話すようになった。私達家族は、GH職員、弟と適宜電話交換している。

　私は、成年後見人となった。私には、生返事からかつての京都時代のように明るく話すように徐々に変化している。年3回、弟、私、GH職員と食事、歓談、温泉旅行を続けている。温泉では、お互いの肩洗いも再開した。少年時代から、自宅近くの風呂屋へ一緒に行っていた習慣である。

　しかし、直接会い、日常生活の質問などに対しては、「わからへん」の答えが多くなり、白髪も増えてきた。最初の札幌での暮らしから10年。仲間等との会話や自己の意思表示も減少、弱い薬を常用し、体力も少しずつ落ちている。入れ歯をしているが、食事時に噛む力も弱くなっている。

　私は、GH及びデイケア関係職員へ、楽しく、趣味を、運動を、仲良しの仲間を、仲間と仲良く、と伝えている。職員の方も、それに向かって懸命に支援されている。

⑥ 親亡き後に一人っ子知的障害者が残った現実
現実をどうすればよいか 12)

─────────────────────────────

　父が亡くなり、数年後には母も亡くなる。知的障害のある娘

（30歳）が一人残され、団地住まい。行政の依頼により清掃業者が部屋に入り、トイレで座っている娘の白骨死体を発見。何度か自治体から派遣されたケースワーカーが訪問していたが、気がつかなかったとのこと。後に、両親が残していた貯蓄が手つかずで見つかる。親戚は叔父しかおらず、貯蓄は国庫に移管された。

⑦ 親亡き後の人間関係が苦手な成人の一人暮らしの現実
つながりの不足 20、27)

　一人っ子の男性（50歳）が、両親を亡くしてから10年間、一人暮らしをしていた。大学卒業時に就職に失敗後、人とのつながりが少なくなっていった。現在、職場がハードで土日祭日が休みではなく、給与も十分でない。しかたなく、高金利借金をしてしまっている。金銭管理や、部屋掃除が苦手である。

　当事者には、つながる出会いの場や日時が非常に限られていて、友人が少ない。仲間に入る言葉をうまく言い出せない。そのため誤解され、孤立する。話題内容も限られている。
　また、自立に向かって何をしたいか、自身が決めかねていることや、資格を取るための勉強時間がなく、自分ができることを増やすことよりも、自身が助けてもらうことを優先せざるを得ない。それにより、自己主張をした上での対応、行動の経験が少ない。13)

助け合いと感謝は、建設的関係をつくっていくのに欠かせない。感謝は、人と人とのつながりをつくる潤滑油である。

　しかし、他者のために、自分が喜びを感じる無理のない小さな何かをすることを模索できる状況でないのかもしれない。例えば、近隣の高齢者のごみ運びを自身のごみと一緒に集積場に持って行くなど。

　また、このような厳しい現実は、当事者に過剰な感謝を習慣化させることもある。

　今節で紹介した現実は、あくまでも一端である。第1部や参考文献26では、生命の抹殺や過酷な差別の現実が紹介されている。

　ちなみに、わが国の2019年度の障害者への虐待は2737件、被害者は3169人（うち2人死亡）。その内訳は、家族など養護者によるもの1655件、福祉施設職員によるもの547件、職場関係者によるもの535件である（厚生労働省2021年3月26日発表）。

知的障害者の自立の始まりのために必要な支援とは何か

● 在宅知的障害者の4点の試練

2014年の厚生労働科研費補助金報告書で、「中・高年期の在宅知的障害者の人生最大の試練」として、以下の4点を指摘している。14)

日々余儀なく居宅介護（厚生労働省用語）させられている家族の支援が、高齢化、疾病、死亡、所得の激減により大きく変化するため、当事者は、

① 生活スタイルの新たな選択と再調整
② 信頼できる最大の支援者を喪失した後の新支援者の獲得
③ 当事者自身の高齢期への備え
④ 相続

の4点の課題への対応に直面する。

これらの指摘は、親が健在なうちに、少なくとも、成人当事者が生まれ育った地域で、自立に向かって親に代わる新たな支援、安心して利用できる、少人数ＧＨや支援付き一人住まいの暮らしの場が充分にあることが必要不可欠であることを強く示唆している。

　しかし現実は、例えば**支援付き一人住まいを利用して暮らしている知的障害者は、全成人知的障害者の３％のみ**、各種公的支援住まいが利用できない在宅成人は 73 万人という、当事者が選択できる余地のない非常に厳しい状況である。2)

● 主体者として生きていくために必要な３大保障

　本来人間は、自由で楽しく生きたいと願って暮らしている。15)一方で、**誰でも生まれてからその生涯を終えるまで、多くの人に助けてもらえないと生きていけない。そこで生まれる多彩な関係性は、束縛をつくり出すと同時に、生きがいもつくり出す。**

　わが国の憲法では、誰にでも基本的人権（住・食・教育・労働）及び、対等平等について保障されている。

　心身の不全によって障害を受ける人、自立生活能力を必要としている人、障害者にとって、この基本的人権の保障、及び対等平等の保障は、日々の暮らしの土台となる前提でなければならない。

　知的障害者が主体的に生きていくために必要な保障として、具体的にあてはめると、次のような３大保障となる。

（1）居住場の保障

（2）知的支援の保障（意思決定支援の保障）

（3）手足論的支援の保障

（1）居住場の保障

　知的障害者が自己の意思を通して、成人後の住まいの場を選ぶことは、わが国の現状では非常に困難である。その主因は、成人後の7割以上の約73万人（参考：徳島県の全人口72.86万人、2021年）が、選択の余地なく在宅を余儀なくさせられているという、公的保障の欠如である。**選択できる数と種類がほぼ皆無**である。これでは、**当事者自身が自分の意思で選んで決定（意思決定）することは不可能**である。[1、2]

　別な視点から見ると、最も安上がりで専門的知識のない家族に介護と支援を非常に安易に押しつけている、厳然とした現実でもある**（居宅介護）**。

　もちろん、家族も、家族と関係のない第三者支援者と異なった視点で、支援できる役割がある。ただし、その長短を当事者の主体性を基に配慮して、給付金等の経済的問題も含めて支援することである。しかし、あくまでも**自主的であって義務ではない**。誰でもが持ち合わせている人間として行う行為として、無理のない範囲であることが必須である。

（2）知的支援の保障（意思決定支援の保障）

　　知的支援の保障は、"自己主張が不得手な知的障害者にとって"、必須な視点である。厚生労働省から「障害福祉サービス等の提供に係る意思決定支援ガイドライン」が、実例込みで端的にまとめられているが、施設やＧＨ関係者の対応に限られている。16)

　　この資料の改善すべき最大の点は、いわゆる"ふつうの人"がそうするように、在宅知的障害者が、「地域での居住場選択」と「地域での日常生活行為選択」に対する、関係者の意思決定支援（会議制度も含む）の具体的実例を明示することである。

（3）手足論的支援の保障

　　この保障を勝ち取るために、非常に長い年月をかけ、且つ困難な活動が、身体に障害を持った人達を中心に行われてきた。その結果、いわゆる手足論的支援（住、食、買い物、移動、入浴、洗濯、排泄、医療的ケア＆補助、金銭管理、各種手続きなど）と重度訪問介護（24 時間 365 日）が実現した。10、15、17、18、19、20)

　　しかし、重度訪問介護制度は、重度の制約を撤廃して、親亡き後、一人親、高齢親、病気親、多重介護家族、貧困家族、一人住まいの障害者等への拡充適用に発展させる必要がある。これについては、第３部、第４部で議論する。

繰り返しになるが、知的障害者にとっては、（3）の拡充に加えて、（1）と（2）とが必須である。この3つの支援は重なっていて、それらの重みは当事者の個性によって異なる。

● 当事者の居住場の保障と知的支援の3要素

（1）の居住場の保障と、（2）の知的支援（意思決定支援）の保障については、さらに3要素に分けられる。

① 自己主張でき、楽しく暮らせる居住場の実現

当事者が意思表示、自己主張できることが前提としての、安心して楽しく暮らせる居住場をどのように模索し、可能にしていくか。そして、それを妨げている原因を取り除くために、当事者の自立プロセスに合わせたそれぞれの場を、どのように見つけていくかである。生きる基盤の力を育む場を実現するために、どのように支援していくかである。

② どのように（how）意思を受けとめ、支援するか

当事者の意思決定を可能にする多様な意思表示や自己主張の仕方を、どのように（how）受けとめ、理解し、共感し合える支援を支援者（支援者の一部として家族自身も含む）との間でつくっていくか。

日常生活の中で、当事者とどのような（how）交流の仕方で、受けとめ、意思決定支援していくか、相互理解、絆をつくっていくかである。

③ 当事者が何（what）を望み、それをどう実現するか

　当事者が何（what）を望み、可能にしたいか、実行したいかを受けとめ、当事者と支援者との間で共有、協力して、支援し、どう実現していくかである。

　日常生活の中で具体的に受けとめ、意思決定支援していくか、日々の中で、一つひとつの出来事に対する望みや希望、欲求、計画、判断、決定、行動、実行、実現、壁、トラウマ等に対し、きめ細かに受けとめることが、支援の中身である。

　知的支援とは何かをつくっていくには、一人ひとり個性や障害の違いがある当事者との経験から、気がつき、学んで、交差した出来事の**丁寧なステップ、プロセスを明確に**していくことが大切である。

　即ち、それぞれの当事者に対して、**各人に合った**意思決定支援、共同意思決定が重要となってくる。

　以降、①については次章で、②、③については、第４章、第５章で多数の実例を基に、課題、問題点を明らかにし、実現へ向けて模索していく。

第 **3** 章

障害者の
居住場の
模索

～知的障害のある人を中心に～

故郷の京都駅前にて

序節

当事者が安心して意思決定できる
住まいの場づくりに必要な "前提基盤"

　当事者が安心して、自己主張、判断、意思決定ができる住まい
の場づくりには、基本的人権保障が前提となる。

　知的障害者自身が自立するために行う意思決定を可能にするた
めに、最も重要な課題は、成人後の暮らしの場所の決定であろう。
心ある支援者がいて、医療的ケアが可能な小施設、ＧＨ、一人住
まいなど、どこで暮らすかの決定である。

● 住まい環境が、当事者の意思を育てる

　人は、現在までの生きている年月の間の自己体験と感覚がベー
スになってつくられる。即ち、「広義での経験」、「情報取得」、「環
境」とが基になって、自身が「どのように暮らしていきたいか」
の意思の原型がつくられていく。

　「孤立」、「隔離」した環境下では、当事者自身が「どのように
暮らしていきたいか」という前向きな意思内容の原型を形成して
いくことは、極めて困難である。あるいは不可能である。

　人の知覚、思考、感情、表現などは、他者との関係が安心して
つくれる住まいが存在することによって育まれていく。そのよう

な場の確保は、障害以前の問題である。

　そのためには、家族や社会が隠さないで、親戚、近隣、友人、支援者、教師、パートナーなどと出会い、学び相談できるオープンな場と、その場が利用可能な支援の保障が必要条件になる。関係性、広義のコミュニケーションが培われる場が保障されていることが、前提である。

　また、家族への支援も含めて、当事者が自身の意思を自由に発現できることで、障害の特徴が理解され、障害者の個性が育まれていく。

　当事者の意思を形成するためには、生まれ育った地域での心ある支援者付きの、保育園、幼稚園、学校、医療機関、ＧＨ、一人住まい住宅支援、作業所、働く場支援、交流サロン、生涯学習塾（第３部、第４部で実例で青年学級も含めて詳しく紹介する）などが必要である。

　また、家族支援を含む在宅訪問介護支援、**支援要請を待っている支援でなく、積極的に会って孤立している人達を発掘し、なくす支援やチーム支援。**さらには、経済的給付保障、支援者、介助者、相談支援専門員の給付保障も必要である。

　そして、それらの"場"のある地域の偏見や差別をなくす交流制度、ボランティア助成制度も必要である。

　当事者自身を孤立させ、死に追い込まない、知的支援を加えた居住場、即ち、広義の「合理的支援・社会モデル」の"前提基盤が整備されること"が必須である。

第1節

私の弟の居住場の模索の
ステップからわかる
様々な "実態" と "支援の壁"

● 安心できる居住場を求めて

　知的障害者が自己の意思を通して、成人後の住まいの場を選ぶことは、わが国の現状では非常に困難である。その主因は、成人後の7割（73万人）近くが選択の余地なく在宅を余儀なくさせられているという、公的保障の欠如である。

　特に親亡き後、当事者が楽しく暮らせる居住場の問題は、当事者には待ったなしにもかかわらず、全力で真っ向から解決されることなく放置され続けている。

　即ち、この不当な現状を、当事者サイドからの働きで一歩進める必要がある。

　そこで、成人後の当事者が在宅ではなくて、安心できる居住場を支援者（家族も含めて）と共に、どのように右往左往しながら可能性を追い求めていくか、あるいは無力感と格闘しながら、一歩ずつ前へ進めていくかについて、いくつかの実例を基にして、必要な詳細をステップに分けて述べる。先述した、私の弟との場合のプロセスも要約引用する。

（1）情報収集

　当事者と家族が伴って、地域の都道府県、市、区の福祉事務所などの関連公的機関に、居住場と支援者情報を得るために相談に行く。本人が一緒に行けない場合があるが、何度かに一度でも一緒に行ったほうが良い。

● 支援の壁
　本人にとって一緒に行けない合理的な理由がある場合には、当該担当機関が訪問支援すべきである。しかし、現実にはそのようになっていない壁がある。**結局は、家族が支援のスタートをせざるを得ないことがほとんどである。**
　家族がいないなど、当事者が孤立している場合にも、地域訪問支援体制ができていない壁がある。公的機関への相談の数をこなすことによって、Q＆Aを学んでいかざるを得ない。少なくとも公的機関から資料をもらい、担当者の名前をメモしておく。

　私と知的障害のある弟の場合：

● 情報収集についての反省点

　私の反省点としては、できるだけ早くから時間をかけて、弟が違和感を持たない相談者、信頼できる相談者を見つけることである。そのための支援者が必要であり、相談者としては家族以外の第三者が重要である。

また、京都から札幌への引っ越し後、新たな友人と出会う場探しに気が回らなかった。それにより、弟は孤立してしまった。ネット情報、関連家族会、支援活動団体、支援学校関係者、民生委員などを活用して、出会いの場を探しておくことが重要である。

　さらにより強く反省する点は、両親が亡くなる前から、本人を交えて親亡き後どこで暮らしていくか、第三者支援者も参加して（支援相談者がいなくても）、家族で話し合い、情報を集めて模索していくことである。

（2）相談

　集めた情報を基に、当事者本人と家族と、可能なら相談者と相談することである。本人がかかわっている、一緒にいることが重要である。本人の意思表示を引き出す工夫が必要である。

● 支援の壁

　しかし、在宅以外の居場所を見つけることに対し意思を確認することは、非常に難しい。本人には実感がわかないので、「見学してから考えよう」となることがほとんどである。

　受け入れ可能な状況を確認の上、複数の訪問候補を決めるため、連絡をしてアポイントを取る。しかし、空きがあって訪問了解を取るのは大変難しい。最終的には、根気よく足で見つけ面接の機会を得ることである。

私と知的障害のある弟の場合：

● 20代で経験していたにもかかわらず

　弟の場合、常に本人と共に私と姉が、彼の元特殊学級の先生に、長年無給ボランティア相談者になっていただいていた。

　弟の意思を引き出すことについては、**在宅のままでは甘え合いの構造が発生しやすい**という考えから、先述したように、20代に数年間、心ある施設及び青年寮を経験していた。にもかかわらず、はっきりした意思表示を確認できなかった。

　当然本人には不安があり、うまく言えないのか、言いにくいのか、「わからへん」の答えが返ってくる。集めた情報から、一長一短を話し合うが、「気が向かない」という答えが返ってくる。

　私と住むようになってから、本人と市、区役所障害福祉課、地域包括福祉センターに相談に行き、地域の居住場所の情報、リスト、空き情報を収集し、名刺の交換をした。

（3）見学・訪問

　本人が居住場候補を直接見て、職員、利用者の言動、雰囲気、部屋を実感することが必須である。

　そして、実感した本人と感想を話し合い、長短を理解し合う。本人が気に入るか、施設長、職員の言動が利用者本位であり熱意を感じられるかなどを確認し合う。この時、訪問時に撮った写真を使うことも良い。

また、重度レベルと支援介助者数との関係はどうか、本人の障害の特徴、本人の経済状況と居住場利用必要経費などについて、居住場の長や職員が真摯に耳を傾けていただけるかも大事である。

● 支援の壁

　訪問前に、同行支援者や相談者がいないのが実情であり、同行家族がこれを行う。しかし、家族が病気などで同行困難な場合、この壁をなくす合理的配慮は現在はない。

私と知的障害のある弟の場合：

● ２つの施設の見学から

　弟の場合、一つはＡ、大都市の住宅街の静かな地域にあり、作業所を囲んで民家と複数の少人数ＧＨとが散在している法人の作業所とＧＨ運営事業所、もう一つはＢ、隣接都市の大規模施設内の通勤可能者用宿泊施設を、本人と私とで訪問、部屋の見学、質問をした。

　主に私が説明質問しながら、ＡのＧＨでは、２時間以上話を聞いていただくと共に部屋を見学させていただいた。その上、次の見学施設へ車で送っていただいた。Ｂの施設も、１時間以上対応していただいた。

（４）宿泊体験及びショートステイ

　数泊の宿泊体験やショートステイのお試しがある。初めて居場所探しをする当事者にとっては、向いているかもしれない。

　今まで住んでいた近くの地域で見つけることがベターである。これまでの在宅場所と行ったり来たりを繰り返しながら、長期居場所をつくっていく。実際にそのようなことを行っている事業所がある。19、20)

　これらの居場所模索過程も前記の場合と基本的には同じである。多くの場合、長期居場所提供、支援を行っている事業所で実施している。

　また、施設住まいからGHや一人住まいへの移行、あるいはGHから一人住まいへの移行過程で利用されている例もある。10、15、19、20)

（５）居住場の決定・事業所からの同意

　訪問、見学後、最初にできるだけ早く本人と感想を話し合い、気になる点を聞く。在宅の時と最も異なる点は、支援付き一人住まいでない限り、少なくとも食事、風呂、就寝の時間が決まっていることである。

　支援運動団体JCILは、「事業者側から同意を得るための重要な判断ポイントは、本人と同伴者家族（同伴相談支援者）の熱意である」と言う。9、18)

私と知的障害のある弟の場合：

● 本人の反応から

　私達の場合、本人から否定的な言葉がなかったこと、これまでの在宅から、二人住まいＧＨでの、寝室や食事、個室スペースなどの共同的な暮らしのほうが、変化の違いが小さいことから、前記Ａの少人数ＧＨを居住場として暮らすことに決めた。

　しかし、実際のところ本人がどこまで納得したのか確固たる自信はない。施設長に連絡し、了解を得て、入居可能日を確認した。

（6）引っ越し

　入居が現実となった時点で、今後のことを家族と話し合う。必要書類の準備や提出、市、区役所担当課への届け、衣類や生活必需品などの準備、移動、とりあえずの生活費の扱いなど、多くの手数がかかる細々としたことを、支援者がいない場合には、本人を伴って家族が支援者代わりにしなければならない。引っ越し業者の手配や実行も必要な時がある。

私と知的障害のある弟の場合：

● 離れていても心が通い合えるように

　私達の場合、職員と共にＧＨでの居住設定整理を行った。布団、各種衣類、押し入れ、ホームこたつ、食器、洗濯機、洗面、風呂、

TVなど（4畳半個室）。弟と私で、同じGH居住者に、直接「これからよろしく」、「わからないことは教えてください」などと挨拶し、職員から、翌日以降のわかりやすい日課の資料をもらって確認した。

　今後のことについては、弟と共に家族全員で近くのレストランで夕食をしながら話し合った。隔週土曜日午後、私と一緒に出かけることを確認する。職員には前もって了解を得た。

　困ったことがある時は、職員に教わって電話するように話し合った。弟は、自分からは携帯を使いこなせないが、こちらから伝えることや安否確認のために必要であった。とりあえずは、毎夕食後の時間に電話することを話し合った。

　などなど、離れていても心が通い合える配慮、本人の意思を確認し合うことが必要である。

（7）当事者の意思決定支援

● 支援の壁

　現在、家族へのプリ支援システム（相談支援専門者の同行支援、専門的知識の支援）がない。在宅者とその家族にとっては、意思決定のために充分な時間をさく相談支援専門者との会議などは、存在しない。そのために、当事者の気持ち、思い、意向、本人との共感に至る前に、家族が周囲を気にし、本人や家族自身よりも、相手側を重視し、忖度、配慮、判断して決定してしまうことが多々起きている。

私と知的障害のある弟の場合：

● 居住場模索全体を通しての反省点

　私は、札幌のＧＨ生活後も、居住場の決定について本人の意思確認の問題に何度か出くわしてきた。しかし、弟の希望や満足度については、「わからない」、「うまく言えない」、「言いにくい？……」の状態であった。

　弟の心底の気持ちは、私にはわからない。よりわかりやすい言葉、表現をどう工夫していくか、当事者をありのままに捉えどう意思確認していくか、親族と離れての生活での気持ちは……ＧＨの特定の仲間へのいじわるや対抗心、ドア壊し、寂しさ、これまでの人生経験の影響（トラウマ、ストレス、パニック等）、自己表現フラストレーション、感情爆発？……本人自身も、捉えきれていないのではないだろうか。

　弟と私との感情衝突（直接的原因は、私には今も理解できていない）も何度かあった。その都度、両者にとって大変ショックで溝ができてしまった。もっと焦らず、突発的で感情的にならないように、少しずつ早くから進めていけば良かったのかもしれない。

　結局、家族による代行支援となり、家族の誘導になって、共同での支援になっていない。

　家族やきょうだいが、今後のためにこれらから何を学べるか、当事者主体で楽しく暮らすための家族の役割、親が亡くなった後のきょうだいの役割、家族がいない場合、支援者や地域コミュニティの役割などについて、第３部、第４部で実例と共に詳しく述

べていく。そして、より重要な、量、質が共に全く不充分な公的
支援の役割についても述べたい。

（8）ＧＨ住まいでの日常に必要な個人経費の概算

● 支援の壁

経費については、本人家族の経済状況に大きく左右されるが、
解決されるべき不合理な現実が厳然として存在する。一方で、各
種公的補助金等が本人の障害区分等に応じて、事業所に支払われ
ている。これ以外に、事業所単独の努力により各種財団からの獲
得が常になされている。

私と知的障害のある弟の場合：

● 月経費平均 93,000 円の節約生活

弟（70 歳：療育手帳Ａ・障害支援区分 6・後期高齢者）は、先
述の社会福祉法人の事業所で、日中活動事業として就労継続支援
Ｂ型、及び生活介護を受け、共同生活援助事業として少人数ＧＨ
住まいのサービスを受けている。さらに、精神病院が運営してい
て院外の人が利用できるデイケアに、日中ＧＨから通っている。
【弟の場合の個人経費】
・ＧＨ寮費　　43,000 円 / 月
・ＧＨ給食費　約 2,500 円 / 月
・小遣い費　約 10,000 円 / 月

・衣類・医療関係費　年約 50,000 円

・各種保険代・共済費等　年約 100,000 円

・年 1 回、 2 泊 3 日個人旅行費 (支援者同伴)　約 300,000 円

　これらを毎月の平均生活費として均すと約 93,000 円 / 月となる (年約 1,116,000 円)。節約して生活していることがわかる。

　これらの個人経費は、本人の作業での給与と、大半が生前に家族が本人に掛けた各種年金等で賄っている。しかし、いずれは賄いきれなくなる問題がある。

　法人運営は、支援介助職員雇用の問題も含めて、年々厳しい財政、雇用状況であると推察される。また、一般的に事業所間の格差、地域間の格差の大変な問題もある。

　後者の原因は、公負担の割合が国 50％、都道府県 25％、市町村 25％となっているが、地方公共機関では現実には守られていない。都道府県市町村間で、財源に大きな差があるためである。

　また、原因の一つに、高齢者認知症問題から生まれた介護事業と、障害者問題から生まれた支援事業との、縦割りセクショナリズムの弊害を、当事者現場の立場から解決する気がない事業経営者が多数いるためである。65 歳になると介護関連事業所に家族自身が見つけて、移るよう強いられている実例もある。

　別な課題もある。公的なお金が、事業者にではなく当事者本人に直接支払われ、それを当事者から施設や GH 運営者、事業者、支援者に渡す制度が必要であろう。

　これらの問題については、第 4 部以降で詳しく述べていく。

当事者と家族、支援者が参加する
チームによる居住場探しの実例

　第1節では、私の弟の、親亡き後、きょうだいが中心となって住まい探しをする場合を示してきた。第2節では、家族以外の公的な支援者が当事者と家族が参加するチームをつくり、当事者の地域での住まい探しをする実例を紹介する。

（1）当事者の希望による
　　　施設からGHへの移行の試みの実例

　施設で暮らす当事者が、GHへ行きたいと希望した。施設職員が当事者の意思確認を行いながら家族を交えて話し合い、相談支援専門員を中心に、GHを体験（家族も訪問）し、GH移行後の生活、福祉サービスの利用などについて、関係機関との検討を進めた。

　GHへ移行後、生活の様子を見に訪問した職員に、本人は「楽しい」と。移行後も施設の生活介護を利用し、施設とGHとが連携している。[21]

（2） 当事者中心の
地域支援チームによる住まい探しの実例

　70代両親と、30代後半の知的障害男性（療育手帳A、一人っ子）が自宅で暮らし、就労継続支援B型事業所に通っている。母が本人に、「将来のことを考えて、友人のいるGHに住むことを考えてはどうか」と言うと、本人は自宅で住むこともGHで住むこともイメージがわかず、答えられなかった。

　そこで、本人、家族、事業所職員、相談支援専門員の担当者会議（後にサービス管理責任者、友人も参加）が定期的に持たれるようになった。

　本人の意思表出、形成を考慮して、日々の楽しみ、興味、買い物、余暇、養護学校時代の友人や先生との思い出など、話し合いを重ね、月1回、同じ事業所の友人がいるGHでの宿泊体験が試みられた。食事、入浴経験、友人との楽しさ、外出時のヘルパー利用など、自己選択、自己決定、自己実現の経験が増えてきた。約6カ月後、家族と離れてGHで暮らすことについて、「友人がいるから大丈夫」と本人から意思表示があった。

　GHに住み始め、週末に実家に帰ると、日曜日の夕方には自発的にGHに帰る準備をする。GHが、自身の暮らしの場となった。

　相談支援専門員は、「これがスタートで、今後も支援を続ける」と言っている。22)

（3）親亡き後の当事者の
　　地域支援チームによる住まい探しの実例

　2020年1月、母、同月に父も亡くなり、知的障害者（56歳男性・療育手帳A）が自宅で一人となる。生前母が形式的につくってもらっていたモニタリングチームの存在に、別に世帯を持つ妹が気がついたことがきっかけで、チームに働きかけ、本人の住まいの場について相談することになった。

　本人が通っている、心ある就労継続支援B型事業所（毎週水＋月1回日曜移動支援）の施設長がモニタリングチームを実質的なものにするように動いた。

　メンバー構成は、京都市指定の相談事業所（育成会）、相談支援専門員の下に、本人が利用している日中デイケア事業所の担当者、ヘルパー、宿泊体験GH職員と、妹である。本人は、参加していない。3月と8月に会議が開催された。

　この間、7月に本人が就労支援担当者の支援の下で、宿泊体験をする。本人は、担当者と話し合いながらつくった時間プログラムを認め、実感し、経験する。この時、本人は「次はいつ？」と気にしていた。

　しかし、8月後半になって宿泊体験したGHから「空きは埋まってしまって利用できない」と断られた。就労事業所とGH事業所が異なった組織であったことも一因であった。

　とりあえず、本人と自宅で一緒に住んでいる妹は、途方に暮れる中、世話をしている。

その後担当者から、「次のＧＨ宿泊体験を探している」と連絡があった。さらに 10 月には、6 日間宿泊体験した後、本人は「長くここで暮らすのも良い」と言っている一方で、「家にも帰りたい」と。ただ、ここにも居住場として暮らす空きがない状況であった。

　その後、1 年以上たっても居住場は見つからず、妹は離婚して兄と 2 人で暮らし世話をしている。(P73 参照) 23、24)

（4）親亡き後、成年後見制度を活かした チームによる一人住まいへの模索の実例

　知的障害者 30 代男性は、養護学校高等部を卒業後飲食店に勤め、ＧＨを住まいとしていた。収入は、障害基礎年金と給与。お金の管理はＧＨ職員が支援し、自己管理の要望もあり失敗を重ねながら一週間毎の自己管理を行えるようになった。

　本人は自己主張が不得手で、頼まれたら断れないためにオーバーワークになりがち。残業で体調不良の時は、職員が職場との間に入って支援していた。

　5 年後、本人に一人住まいの希望が出てきて、本人、ＧＨ職員、自治体の障害者担当、相談支援専門員が話し合い、第一歩としてアパートの 1 室を利用したＧＨに移った。洗濯、掃除は本人が、食事準備、相談、金銭管理支援は引き続きＧＨ職員が行った。

　希望に沿ってさらに一歩進め、一人住まいを行うために、相談支援専門員が図や資料をつくり、間取り、場所、家賃、生活費等を本人にわかりやすく説明した。この過程で、賃貸契約、財産管

理、福祉サービス契約等に対して、専門員から成年後見制度利用の提案があり、当事者を交えて検討された。

　ＧＨ職員の仲介で、当事者に相談支援専門員協会の担当者が保佐人候補として紹介され、家庭裁判所に書類手続きが行われた。当事者を中心にこれらのメンバーのチームがつくられ、物件探しが行われた。ＧＨ施設長が保証人になり、ＧＨ職員が引っ越しを支援し、一人住まいが始まった。

　その後、相談支援専門員、保佐人が定期的に相談に乗っている。さらにその後、恩師のバックアップもあり、欠陥条項の公務員法の差別問題もあったが、保佐人から補助人に変更することによって公務員に転職している。25)

　前向きな専門家の方々の連携による、持続的取り組みの実例である。

● 支援の壁

　このような地域支援チームをつくるきっかけは、当事者とその家族が行わなければならないのが現実である。チームづくりを可能にする系統的な公的な仕組みが全くなく、大きな壁となっている。さらに、家族がいない場合や高齢、病気、一人親、きょうだいのみ等、多重負担者の場合の問題も大きい。

　また、ＧＨには余裕がなく、繰り返し宿泊体験を断られる実例が非常に多くあるのが現実で、多くの家族が経験している。自己主張が困難な知的障害者や、重い心身障害者の地域での暮らしの場の確保は、公が率先して早急に解決すべき課題である。

多数支援付き一人住まいの実例
－ JC1Lの活動から－

● 当事者主体の活動団体 JC1L （日本自立生活センター）

　45 年以上前に、「ハンディの大きい人達にこそ、より多くの協力者と、充実した教育制度が必要であるという常識にとって変わらなければならない」と私が指摘したことを思い出す。26)

　当時夢のようであったこのことが、重い身体障害者の人達の何十年にもわたる大変苦悩に満ちた運動により、量的にはまだまだ足りないが、少しずつ知的障害者に対しても実現されている。10、15、17、18、19、20)

　第3節では、多数支援付き一人住まいへの支援をする、JC1L の活動の実例を述べる。

　当事者の一人住まいの実現には、当事者が持つ障害者手帳（療育手帳）、障害支援区分が、壁をつくっている場合がある。例えば、世帯分離し障害者手帳１級の場合は、障害年金を受け取れ、且つ支援費のサービスも受けられる。これは、介護保険のサービスより有利である。必要なら、生活保護も受けられる。

　JC1Lは、それらのことを利用当事者と契約なども含めて行っ

ている当事者主催の活動運動団体である。

　ＪＣＩＬは、国内に 100 カ所以上ある。京都のＪＣＩＬでは、150
人の支援登録者と 100 人の利用者が参加している。[20]

　当事者自身が、公的給付金を得、そのお金で住まいを見つけ、
且つ支援者を雇用することができる意義は非常に大きい。自宅の
改造も含めて、居住場の選択肢は格段に広がる。

　運営主催者が知的障害者であり、成年後見人が支援者として参
加する場合もあり得る。

ＪＣＩＬによる支援付き一人住まい・１週間の生活の一例 [19]

	7:00	8:00	9:00	10:00	11:00	12:00	13:00	14:00	15:00	16:00	17:00	18:00	19:00	20:00	21:00
月	→→→→→→→→→→				11:30〜15:30 外出して、昼食や教室、買い物、カラオケなど					帰宅		18:00〜21:00 買い出し、夕食の調理、入浴、家計簿など			
火	7:00〜9:00 朝食、洗濯など		ゆっくりする		11:00〜13:00 昼食の調理、掃除など			ゆっくりする				18:00〜21:00 〃			
水	7:00〜9:00 〃		バスで通勤	10:00〜17:00 仕事							バスで帰宅	18:00〜21:00 〃			
木	7:00〜9:00 〃		バスで通勤	10:00〜17:00 〃							バスで帰宅	18:00〜21:00 〃			
金	7:00〜9:00 〃			10:30〜12:00 昼食		徒歩	12:30〜16:00 仕事			徒歩		18:00〜21:00 〃			
土	7:00〜9:00 〃		ゆっくりする									18:00〜21:00 〃			
日	7:00〜9:00 〃		ゆっくりして実家に徒歩で帰る　実家 →→→→→→→→→→→→												
不定期な用事	① 大きい買い物・銀行など：服や家具や家電などの買い物、銀行に行くなど（必要な時に行く） ② 病院：肝臓の検査、目の検査のための通院（２カ月に１回・病状に変化があれば毎月） ③ 外出（活動）：サークル活動やピープルファーストの活動やＪＣＩＬのイベントなど ④ 外出（個人）：お母さんと一緒に施設訪問してオカリナボランティア														

前頁の表を見ると、前記ＧＨや施設とは以下の２つの点で大きく異なることがわかる。

①　ＪＣＩＬの事業活動形態

・当事者主体で支援介護者を選ぶことができ、支援介護者を紹介派遣している。
・支援介護者の給与は、当事者がもらった重度訪問介護などの公的経費から払う。即ち当事者自身が自身に合った支援介護者を雇用する。
・支援介助者を常に募集（登録、研修。資格は必要ない）。
・仲間、友人を紹介し、相談相手をする。
・障害者自身が事業活動団体運営者である。
（偏見と差別から自立への道を切り開いてきた身体障害者が運営主催者であり、健常者が支援者として参加している）。

②　ＪＣＩＬの日常支援形態

・地域の団地、マンションや住宅の部屋を紹介、契約、引っ越し、整理、支援をはじめ、当事者が日常の時間の使い方を自由に決められる（私のシェアハウスもこの変形として参加している）。27)
・家事援助（食事・掃除・洗濯・買い物）、移動介護、行動援助、身体介護（入浴・起床・就寝）、重度訪問介護（24 時間、365 日）。

● まだまだ、歩み続けなければいけない現実がある

　わが国の現実の課題は、支援者をいかに増やすかである。先述した通り、支援付き一人住まいをしている知的障害者は、**わずか3%**、精神障害者は10%台、身体障害者は20%台である。[2]

　成人後の知的障害者が地域で住める場として、地域医療支援付き重度心身障害者小規模施設、ＧＨ、ＧＨサテライトホーム、宿泊体験居住場、支援付き一人住まいなどが、多くの人達の努力によってつくられてきている。

　しかし、当事者がその障害の状況に合わせて、楽しく安心できる暮らしの場として選択できる種類、質、量は圧倒的に不十分である。

　例えば、京都市は政令指定都市であるにもかかわらず、相談支援専門員１人が140人以上の当事者の対応をしていると言う。加えて、専従者でもない。これでは、多様な当事者一人ひとりに行き届いた支援ができるはずがない。また、ＧＨが利用できる確率は１％と言われている。

　当事者、家族、支援者等がつながり（チームをつくり）、公的機関関係者、政治家、無関心な人達に、この状況をなくすことが必須であるとの賛同を得、支援者を増やすことが、まだまだ第一歩として必要であり、歩み続けなければならないのが現実である。

第4節

居住場探しから明らかとなった支援の課題 ―チームづくりを土台に―

前節の実態から明らかとなった、居住場探しを行う時の当事者、家族、支援者、関係者の支援の課題を列挙する。学び、行動する必要がある。

● チームづくりに必要不可欠な視点

知的障害者のハンディとして、自己主張、自己伝達、自己決定、自己行動の不得意がある。居住場の選択過程において、これらに対する支援、配慮が必要である。

よりそい、意思疎通をはかる支援、当事者と支援者が基盤をつくる、両者のコラボから進めていく必要がある。

例えば、各種居住場の長短をビデオ、写真等を用いた徹底した説明、会話、居住場候補の見学、一時体験を行う過程での配慮、支援が必要である。

そのためには、当事者、家族、事業所職員、相談支援専門員、居住場提供の担当者（サービス管理責任者を含む）との会議の場を設け、定期的に行うこと。この時、必要なら友人も参加。決定責任者を明確にしておくことも大切である。

この会議のスタート時の呼びかけは、現状では家族と当事者が利用している事業所職員が行うが、家族がいない場合には代わりに訪問相談支援専門員が行う。

　計画書づくりだけでなく、実現も含めて責任を持って能動的に実行する。その際、次の視点が必要不可欠である。

・当事者と理解し合うために意思疎通をはかる工夫をする
・当事者の意思、希望、こだわりを丁寧にくみ取るための工夫をする
・当事者が判断するための機会・場をつくる支援をする（見学、支援介護者面談、体験、写真、場所等）
・当事者が自己決定するための支援をする
・当事者の障害、個性、特性、感性、資質、態度を尊重する
・上記を困難にしている要因を取り除くための支援をする

　これらの支援は、居住場探し・決定のためから始まり、その後、当事者の日常生活の意思決定においても有意義な支援となる。また、ノウハウの蓄積と有効利用が可能となる。

● チームづくりに必要な当事者への支援

（1）当事者（サイド）が、支援を得ながら自身のことを明確にしていく作業

1. 当事者自身の障害・個性・得意・特徴・興味・関心の尊重

2.当事者自身の意思・希望・欲求及び当事者自身にとって居
　住場の選択、活動の自由度がどれだけ多くあるかや、プライ
　バシーがどれだけ尊重されているかなど

3.当事者自身が発する主張力・表現力・発信力・伝達力・判
　断力・決断力・対応力・行動力

4.当事者自身のこれまでの経験・生活史

5.当事者のパートナー・結婚・家庭についての意思

6.当事者の現在の経済状況・金銭管理力

7.当事者と家族との関係

8.当事者の現在までの住環境

9.当事者の現在までの友人・近隣・相談相手

　これらを、まず当事者自身が支援を得ながら明確にしていくこ
とが求められる。

（2）社会サイドからすべき直接の支援、保障

① 居住場保障・支援

1.種々の居住場の発掘・選択相談（チームづくりを含む）

2.情報提供支援

3.複数の居住場訪問・見学支援

4.居住場候補の提供

5.一時居住場の体験

6.書類申請支援

② 居住場の決定に関する知的支援

1．意思表示・自己主張・自己決定支援

2．双方向交流（キャッチボール）支援・居住場情報入手理解

3．支援者、人間関係など、悩み相談

③ 居住場における手足論的支援

1．行動支援（第5章参照）

2．種々の生活要素支援

④ 居住場にかかわるその他の公的保障

1．当事者の経済的保障（第4部参照）

2．支援者、介護者の数と質の保障とそれらの人の経済的保障

　（例えば、訪問して直接会話するコミュニケーションの実施
　保障、特に重度知的障害者の意思表示を伝達理解するスキ
　ルの相互育成の持続的実施とそのための支援者の育成と経
　済的保障・先行特区の実施）

3．訪問支援介護保障の拡充

4．医療保障

5．偏見差別の解消支援

　（特に居住場、地域での生きる意欲を奪う近隣、家族等による
　言動。例えば、家族が恥と受けとめ隠す、近隣が蔑視する）

6．友人、近隣のネットワークづくり支援

7．ボランティア育成支援

第3部

「わからへん」

－障害者の意思決定支援－

りょこうげたのしかっだです。
先生のおはかに3人でいけた。
つかれたな。　　　　　山下芙

弟からの絵葉書より

第 **4** 章

障害者の
意思決定支援

─意思決定の入口の支援─

〜知的障害のある人を中心に〜

世話になった先生の墓参り：京都東山の鳥辺山にて

序 節

日常生活における
「意思決定支援」のプロセス

　当事者の数だけ、当事者に合った多様な意思決定支援がある。
そのために、障害者による様々な実例から学ぶことが大切である。
本章では、「知的障害者にとっての意思決定支援とは何か」につい
て、主に家族の経験から私見を述べる。

● 日常生活における「意思決定支援」を
　可能にするにはプロセスが大事

　「知的障害者にとっての意思決定支援とは何か」を明らかにする
には、日々の生活で出会う、当事者自身が意思を決定するまでの
プロセスを、根気良く積み重ねていくことである。
　そのプロセスとは、
　当事者と支援者で共同把握し、主張行為をどう可能にするか、
　主張が苦手な人にとって、この問題をどう解決していくか、
　である。
　即ち、そのプロセス毎に、「意思の決定を可能にする支援」、さ
らにはそれに続く「決定されたことを実行するための支援」をし
ていくことである。

● 当事者自身が意思を決定するまでの "プロセス"

① 当事者の自己を引き出す

　当事者の心の中は、それぞれが様々な強弱の違いを持って生まれてきている。当事者の決定したい思い、気持ち、考え、意思を、自己の外に引き出す支援。そこには、当事者自身が、新たに自分で決定できる機会をつくり増やしていくことや、わかりやすい情報を提供する支援も含まれる。

② 意思決定したい中身が多岐にわたることの認識

　当事者が意思決定したい中身、場面、地域は、日常生活において非常に多岐にわたる。食事、入浴、排泄、外出、余暇活動、生涯学習、友人、福祉サービス利用、資格取得、労働、医療など、それらを支援者が認識すること。

③ 意思決定したい中身の共感・共有

　当事者が意思決定したい中身のうち、当事者の自立生活を前進させるものの重要さ、大きさ、願望の程度を当事者と共感し、その場の状況、優先度、緊急性、最善の利益等を共有する。

④ 実行方法を当事者と支援者で共同で学び合う

　当事者が心から納得して決定することを、無理強いすることなく支援する。28)

　当事者と支援者が理解し合っていることを前提にして、意思決定の具体的な対象（何を：what）、意思決定の具体的な仕方（どのように：how）について、共同で学び合い、意思を決定する。

⑤ 当事者と支援者の共同作業で 試行錯誤しながら実行する

　決定の実行を、障害、個性、意向、楽しみ、好み、年齢、環境等に応じて、試行錯誤しながら少しずつ積み重ねてつくり、共同作業していく。一人ひとりの自立に向かうスピードに合わせて行うことが大切である。

● "プロセス"で注意すべきこと

　共同でつくった日課が、固定ルーチン化してしまい、当事者がルーチンを守ることばかり気にして、そのことが発達過程を阻害していないかを、常に確認し、広がりへの模索をし続けることが必要である。

　そのための、あるいはそれに向かっての配慮、支援の**実例を、**私の限られた経験と学んだ情報を基に、**少しでも多く、**できるだ

け整理し、「自己表現の仕方の違い」と、「自己決定したい対象の違い」により分類した意思決定支援の具体例をそれぞれ紹介する。

　これは、あたかも 知的障害者の日常生活における楽しさや生きがいを、共に探し見つけていく作業 のように思える。

　しかし、最も注意すべきことは、当事者の意思決定、共同意思決定、代行意思決定の違いを意識せずに支援する誘惑に陥らないように努めることである。

　「意思決定支援」は、知的障害者の日々の、**「意思や言葉の始まり」**、**「認識や考えや理解の始まり」**、**「意思決定の入口」**の支援が、特に重要である。そのためには、一人ひとりの実情認識からスタートすることが大切である。

　そしてそこには当然、当事者のおかれている環境、状況、経験、興味、障害、既知具体例等を配慮する必要がある。55)

　ここでは、**日常生活の自立の基礎となる支援（いわゆる手足論的支援）に加えて、新たに必要な"知的支援"を「広義の意思決定支援」**と定義する。

"知的よりそい支援（how）"と「自己決定したい」を可能にする"知的支援(what)"

（1）自身の思いを表現し、伝えることを可能にするための支援

① 自己肯定感を下げる実例・高める支援の実例
　　　―できることを増やす―

● 自己肯定感を下げる実例

　実例１：運動会で逆に走る、服を着替えるのが遅い、ボタンを留めることができない、大浴場で風呂に入ると「猿が風呂に入っている」と言われる、弱々しく動作すると「幽霊だ」と怖がられる、バカにされ、罵声を浴びせられ、石を投げられる。26)

　実例２：一人住まい（市営住宅）の知的障害者が、自治会長から班長の役割が回ってきたと伝えられ、病気があるのでできないと断った。役員から「特別扱いはできない」と、【しょうがいがあ

ります。おかねのけいさんはできません】と便箋に書かされ、「住民に見せる」と言われた。翌日、亡くなっていた。亡くなる前に兄に、「さらしものにされる」と。兄は、「自ら書面を書くはずがない」と言っている。29)

　実例３：知的障害、視覚障害、言語障害で在宅の当事者が、何かを要求していることはわかるが、ものの実態がわからず、味覚と臭覚だけが頼り。表現の自由な手段を持っていない。時には大きな声で泣きわめき、時にはしつこく何かを要求するが、家族は理解できないもどかしさを感じる。26)

　実例４：いつも「ありがとう」と言い、過剰な感謝になる場合がある。20、27)

● 自己肯定感を高める支援の実例

　実例１：約20年在宅の重い知的障害者の居住場探しは、たらい回しにされ続けた。施設入所後、排泄、着脱……と学び、次第に他者との交流を通して、在宅時は泣くことも知らなかった当事者が、泣き、怒り、困り、喜びの感情表現が豊かになってきた。言葉も少しずつ出てきて、意思表示するようになってきた。26)

　実例２：緊張すると手が不随意運動をし細かな手作業が苦手、動き回る、ひょうきん、人懐っこい、いたずら好き、身振り手振りの会話、言語が不明瞭などの当事者が、家族の支援により自転車に乗れるようになり、世界が広がった。26)

　実例３：30代までご飯をこぼす、夜尿が続いていた当事者に対し、「当事者の存在が欠かせない」と言う新職場の店主や、家族の肯定的行動で本人は変身し、夜尿もなくなった。26)

このような実例の場合、身体的支援、医療的支援、意思決定支援の相互協力体制、適切な訪問支援が必要不可欠である。また、地域住民に対しても正しい周知をすることが大切である。

　量的、質的に支援体制が公的に保障されていれば、地域での一人住まい・暮らしが可能となり、人生が大いに広がる。

② 言葉を発することが困難な人への支援の実例

　実例1：言葉を発することが困難な当事者に、食事時に支援者がお茶を出すと、自分からコップを差し出す時と、大きく首を振る時とがあった。以後、支援者が「お茶をもっと飲みますか」と尋ねると、自分で決め、コップを差し出したり首を振ったりと自分の意思を伝えるようになった。21)

　実例2：知的障害、聴覚障害、言語障害の当事者は、月曜日から金曜日の日中に、送迎を利用して自宅近くの居住可能なＧＨ（街の中にある）に自宅から通って過ごしている。8、9)

　実例3：知的障害、聴覚障害の当事者。筆談、ジェスチャー、手話でコミュニケーションをとっている。こだわりが強く、おやつを食べたがらないことが多かった。また、手で持たず口にくわえることを繰り返す。お菓子と飲み物を出したところ、飲み物を指さした。後日、スーパーに飲み物を買いに行くと、数種類の飲み物から好きなものを選び、おやつ時に提供することができた。21)

　実例4：発語がなく、肢体不自由のため身振り手振りで意思表

示をする当事者が、自分の部屋を指さして「ん、ん」と言い、自分の車椅子に支援者の手をやり動かしてほしいと意思表示をした。部屋では、クローゼットを指さし、支援者が「上着を着るんですか?」と確認すると表情をほころばせ「ん」と言って上着を羽織った。その後、車椅子押し、歩行練習に対し意思表示が多くなった。[21]

　言葉を発することが困難な当事者の場合、意思表示の始まりとなる機会を、一日の生活の身辺処理、行動の中につくり、自分の思いを発露してもらい、選んでもらう。

　前述したように、一人ひとりの自立に向かってのスピードに合わせて支援を行うことが大切である。

　また、**身体動作の支援と言葉を発することへの支援は、相乗効果を生み出す**ことがある。

　当事者は、体全体で気持ちを表現する力がつき、表現も豊かになり、活き活きしていき、少しずつ自然と言葉が出てくる。この時支援者は、声かけ時の表情、ジェスチャー、リアクションを大切にすることが大事である。

③ 使う言葉の範囲が狭い人への支援の実例

　実例：施設からGHに移った人が、同居の人とスーパーに食べたいものを買いに行った。それまでは、他人に合わせることで済ませていたために、買い方やお金の使い方は知っていたが、好きなものを自分で選んで買うことができなかった。棚から数種類のものを自分で選んで、カウンターでお金を払った。22)

　毎日、「おはよう」、「行ってきます」、「おやすみ」、「今日は暑いね」、「涼しいね」、「寒いね」などの挨拶を欠かさないことが、コミュニケーションの始まりになる。30)

> # （2）自分のことを自身で決めることを
> #   可能にするための支援

　（1）の「意思決定支援」は、縦糸（障害の重さに応じて）の視点として捉えたものである。（2）では、横糸（日々の出来事の対応に応じて）の視点として考察する。

● 意思を決定していく心の３つの過程

　言葉にして意思を決定していくには、３段階の過程がある。

　そのことを示す典型的な**実例**として、私が弟に対して、「明日何する？」、「どこに遊びに行きたい？」と聞いたり、弟が経験したことがあるものを選択肢として、「阪神の野球観に行く？」、「寅さんの映画観に行く？」、「ボーリングに行く？」、「プールへ水泳に行く？」と聞くと、弟は、「わからへん」と答える。

　この時、弟が発する**「わからへん」の言葉**には、３つの異なった意味があった。

　①「意思形成の壁」

　心の中が混とん、もやもやとしていて、まだはっきりとせず、何をするか迷っている場合。客観的な認識や見通しの理解が困難な場合。

　②「意思表現の壁」

　心の中ははっきりとしているが、適当な言葉が見つからない場合。

　③「意思表示の決断・実現が壁」

　心の中ははっきりとしているが、相手や外に向かって言いづらい、言いにくい、遠慮がある、言えない、折り合いをつけかねている場合。

① 「意思形成の壁」への支援の実例
＝問題意識・意思の始まり・意思確認

● 何気ない会話から気づく支援

　実例１：私が青年学級で「仕事に関して何かしてほしいことある？」と聞くと、当事者は「上司に給与を上げてほしいと言いたいが、上司にどう言ったら良いかわからない」と。13)

　潜在的に感じていることを、他者との何気ない会話の時に気づき、それを前もって日頃の簡単な言葉としてメモする。背景情報の交流、動機確認、理解し合う点の確認が大事である。

● 心の中のもやもやを補い引き出す支援

　実例２：窓を閉めることにこだわりがある当事者に、夏の暑い日に窓を閉めていると、職員に「あれ！」と言われ、当事者は迷い葛藤の上、窓を開けた。支援者は、当事者が考え、判断、実行する機会をつくった。31)

　実例３：今まで快く依頼を受けていた当事者が、泣き出しそうになったので、支援者が「どうした？」と聞くが答えない。場所を変え個室で再度聞くと、「作業を頼まれた。今日は自分の作業を頑張りたいので断りたいが、伝えられずに困っていた」と。「手紙で伝えられる」と言うと、「やってみたい」と答え、自分で手紙を書いて思いを伝えることができた。以後、手紙で伝えている。21)

肯定的な言葉や確認する言葉で、心の中のもやもやを引き出し、補う手助けをする。当事者の迷い、葛藤、こだわりを見守り、決定を待つことが大事である。

● 当事者の特徴を理解し、ゆっくり待つ支援

　実例４：青年学級で、答える時にいつもニコニコ笑って沈黙が続く当事者がいた。この時、実は緊張していて、言いたいことを考えている。周囲の友人は最初は言葉を促すように声をかけていたが、少し待てば自分の言葉でとつとつと答える特徴に気がつき、理解し待つようになった。その後、しっかりゆっくりと正しく答えることができた。13)

　当事者の特徴を理解し、ゆっくり待つ。また、興味が次々と生まれ、前の約束を忘れる、話題が飛ぶ、箇条的整理が苦手。当事者の言葉を繰り返して聞き、オーム返しのことも含めて問い返し、自分から言ってもらい確認し合う。障害、個性、特性、感性、資質、態度を尊重するなど。

②「意思表現の壁」への支援の実例
＝うまく言えない・言い表せない

● 言葉の始まりを大切にする支援

　実例1：時計が壊れたので修理依頼を家族に伝えたいが、どう言えば良いかわからない。支援者がロールプレイをし、当事者も参加して、どの伝え方が良いかわかった。実際に家族に電話して、きちんと伝えることができた。21)

　実例2：多様でわかりにくい意思表示がある。例えば、2つ3つの単語の羅列と身振り手振りのジェスチャーで、表現は「いらっはい！（いっらしゃい）」「あいあとう！（ありがとう）」。32)

　発音がこもってしまう。障害の内容によって、多様さや個性がある。見えない障害を見えるようにする。言葉の始まりを大切にし、自己表現することによりそい、言葉を生み出す工夫に配慮することが大切である。18、56)

● 言葉の誤解をなくす支援

　実例3：周りは、当事者が魚や肉が嫌いだと思っていたが、実は歯が悪くて小さな骨や硬いものが噛みにくかった。当事者はこのことを伝えたいが、うまく言えない。ＧＨ職員が細かく切ることで食べることができた。レストランでも、職員がレストランの人にお願いし、食べることができた。

使う言葉の範囲が狭い人の場合、範囲を広げることによって誤解をなくす、逆に言葉が広く曖昧すぎる場合には、言い換えることによって誤解をなくす支援が必要である。

● 言葉の始まりの練習をする支援

　実例４：「資格を取ったら給与を上げていただけますか？」13)

　実例５：初めて上司と話す場をつくり、緊張しながらもしっかりと言え自信がついた。言い出すまでに２週間かかり、相手の意見を知ることができた。13)

　実例６：練習したことで、直接の上司に対して、初めて敬語を使い自己主張することができた。

　そして、自分のことは自身で決めることを可能にするために、「お金を貯めて旅行したい」、「朝の洗顔、歯磨き、部屋掃除の習慣をつけたい」19) などの、「広義の意思決定支援」につなげていくことが大切である。

┌───┐
　以上の①と②が、「how」（どのように）に関連する支援、
　"知的よりそい支援"である。
└───┘

③「意思表示の決断・実現が壁」への支援の実例
＝相手に伝えることを決断し実行する

　実例１：当事者の意思表示、「危険物取扱担当者の資格を取りたいのでこの本を使って教えてほしい」、「運転免許を取りたいので各地の教習所のパンフレットを集め長短を知り相談したい」、「視力を測ってもらい、メガネの費用を知りたい」など。13)

　実例２：当事者が気になっていることを、ＧＨ職員と兄が気がつく。ＧＨ職員の支援を受け、２泊３日の旅行をし、兄と会い、亡くなった親と姉のお墓参りをし、お世話になった元先生のお墓参りをした。

　実例３：青年学級で、自分達で計画を立て支援者が手伝い、友人を誘って新年会忘年会をした。13)

　当事者の意思表示の表現を促すプロセスの支援、意思決定に必要なわかりやすい言葉、情報、表現で会話をする。

　楽しみを聞かせてもらい、選択する機会を多くつくり、自分の意思で選び、そのことを言葉で伝える。当事者が既に経験している複数の情報を提供し、具体案をあげて意思選択を促すなどの支援が必要である。

　以上の③が、「what」（何を）に関連する支援、
　即ち「したい」を可能にする"知的支援"である。

自己表現の仕方による実例と意思決定支援

（1）感情、表情、感覚により自己表現する人の実例と支援

① 感情、表情、感覚による自己表現の実例

● 感情の爆発
実例１：家族の態度が恩着せがましかったのか、突然「ほっといてくれ」と言い放ち、その後問い返しても聞いてもらえない。

● 突然顔色が変わる
実例２：第三者と家族と当事者がいる場で、家族が第三者に気を使いすぎ本人に注意をすると、困惑顔になる。

● 目の動きで意思表示
実例３：相手を直視していた目が突然宙を舞い、自己主張、反論ができなくなる。話したい人にうまく言い出せないので、目がその人を追っていることに気づき話しかける。13)

② 感情、表情、感覚による自己表現への支援

● 感情の爆発を理解する支援

実例1：正義感が強く、間違ったことには口より先に行動が出る当事者に対して、他害しようとした場に出会った支援者が、「注意しようとしてくれてありがとう」と伝えると、本人はうなずき振り上げた手を下ろした。21)

● 拒否反応の原因を理解する支援

実例2：「食事はいらない」と言い放つ当事者。本人は、箸を持つ手が震えて食事が思うように食べられない。運動嫌いな本人が、握ると音と光で反応するリハビリボール握りを続けて1カ月、「手は震えるけど、残さずに食べられているよ」と。21)

● 不安定な状態を理解した支援

実例3：「ちょっと疲れているので、後で言います」と言う当事者。誰でも気分の波がある。不安定な状態の時には見守りゆっくり待つことで、言葉を引き出すことができた。13)

● 感覚に対する支援

実例4：視覚と言語に障害がある当事者が、支援者と一緒に希望していたショッピングモールに出かけ、時間をかけて実際に触れたり聞いたりして商品を購入することができた。21)

● 体全体で表現する意思から言葉を引き出す支援

実例5：指でさす。スマートフォン（以下スマホ）、ボード、スクリーン、ディスプレイ、スポーツ新聞上などの漢字、単語、かな、数式、英略語を指さしで伝え、質問会話が始まった。体全体による表現から意思を理解し会話が始まることがある。13)

（2）態度、しぐさ、行動により
自己表現する人の実例と支援

① 落ち着きがない、じっとしていない行動

実例１：在宅知的障害者が一人で出かけて行って（散歩）公共交通機関を止めてしまい、家族が謝った。以後、当事者と家族を紐でつないで過ごすことがあった。[26]

実例２：当事者が一人で、靴を脱ぎ電車に乗ってしまった。裸足の当事者に車掌が気づき届けて、家族と連絡を取った。[26]

支援の実例：興奮すると落ち着いて話が聞けず暴れてしまうことがある当事者が、不安定で転倒しそうな状態で廊下を歩いていた。声をかけ見守っていたが、花壇に来ると「かわいいね」とつぶやいた。職員が、「花が見たかったのですか？」と声をかけると「そうだよ」と笑顔で答えた。[21]

② 幼少期のような行動

実例：重い知的障害の当事者が、軽い知的障害の友人に親しみを込めて頭突きをした。友人は笑顔で返して、一緒に遊ぼうと誘っているみたいと受けとった。

支援：入浴ができない、排泄が自身でできない、衣服の着脱がうまくできない等、これらのことを、理解しプロセスを支援することで、自身が発する表現が生まれる。当事者のペースに合わせて、本人ができることをゆっくり支援することで、できることを増やしていく。

③ 自身の楽しい行動

実例：リズムや歌が大好きで、朝からステレオをかけ大きな声で歌ったり踊ったり楽しんでいる当事者に対し、近隣から「変な奴」と言われたことをきっかけに、家族から「家族が恥をかくようなことはするな」と。26)

支援：可能なことが少しずつ増えていく過程で、喜び楽しみが湧いていく。失敗、挫折を経験することが、新たな工夫、行動をつくっていく。そのことが、自身の思い、考え、感情の表現につながり、意思形成の源泉、初期過程となる。それらの場をつくる支援をする。そのためには、適切な訪問支援や当事者のための場の提供、当事者のための適切な意思決定支援チームが必要である。

④ わがままと捉えられる行動

実例：兄が知的障害の弟に「一緒にGHに戻る？」と聞くと、「一人で明日行く」と言う。しかし、実際には行かない。32、33)

支援：自己決定は、"わがまま"をそのまま受け入れることではない。支援の種類を含めて、多様な選択肢がない現状では、当事

者の "わがまま" ととられる行動には、自己決定を困難にしている原因が潜んでいることを知る必要がある。

⑤ 約束を破る行動

実例：早朝出社直後タイムカードを押した後、会社を飛び出す。夜遅く帰宅後に理由を聞くも、沈黙が続いた。26)

支援：約束していたことを破って突然がんとして動かない、その理由、原因を知ることが大切である。

⑥ 突然の行動

実例：女性職員が当事者の手をやさしくさすっていたが、約束の時間がきたので、兄が「一緒に出かけよう」と言い立ち上がると、本人が突然飛び出し「一緒に行かない」と動かなくなった。さらに兄が「どうする？」と声をかけると、突然「死にたい」と。

支援：自己の心地良さを他人に遮られたからか、自己の意思表示をとっさにできなかったからか、本人の気持ちを理解しなかったからか、その原因を理解することが必要である。

⑦ 変更を拒否する行動

支援：予期せぬ事態や変化への対応が苦手なことへの理解。仕事の休暇日、待ち合わせ日時、場所が突然変わることへの丁寧な対応、配慮が必要である。メモを渡し、電話での再度の連絡など。

（3）環境の影響や効果によっての
　　自己表現への支援

① 家族との距離感を持つ支援

　実例：家族が先取りして代わりにしてしまい、自身でできる芽を摘み取ってしまう。19、25、32、33)

② 障害の内実を表現する支援

　自分や他人に理解可能なものにする表現、共有手段、環境を活用する。18) 当事者の理解力や理解の仕方に応じて、意思決定するための情報の提供を工夫する。

● ツールを使う

　実例１：新年会で撮った写真をスマホを使って送る。13)
　実例２：会えない期間に、PC やスマホで宿題を助け合う。13)
　実例３：学級でノートを取り、仲間でメールで共有する。13)
　実例４：高校卒業資格を取るために、ＮＨＫ高校講座のビデオを活用する。13)
　実例５：解答がわかった友人が、ボードを使って教える。13)

・忘れないためにメモを取り示し貼る。
・ジェスチャーや手持ちサインボードやノートを使い、図、単語、数、式、絵を書き、指さしで確認し合う。
・スマホやアプリを活用、共有する。
・ビデオ、写真、イラスト、カード、ボード、実物を使う。

● 対人・人に会う機会を持つ

　実例６：対話が苦手だが、興味を次々に持つ当事者の、各興味を掘り下げる。13)

　実例７：多様な出会いの場をつくり、多彩な表現を学び合う。

　実例８：思い出の写真、アルバムを活用して当事者の経験を言葉にしてもらい、興味を通して対話経験を増やす。

　実例９：人前で話すことが苦手であったため、個室で外出について時間をかけて話し合った。自分の言葉で答えることができ、食べたいものやほしいものが購入でき、笑顔を見せた。21)

　実例１０：忘年会で挨拶及び自己紹介をする。13)

・対話レッスンの機会を持つ。
・挨拶の仕方や敬語の使い方を教わる機会を持つ。13)
・対話の場を配慮する。
・出会いの場をつくる。
・新しい人と出会う、友人をつくる。
・助け合い、見守り合う。
・青年学級や生涯学級を活用する。

③ 当事者主体の活動を支援する

　実例１：友人を呼んで新年会をしたい。日時、場所、内容、役割、飲み物や食事の準備などを決めるために、「みんなで協力しよう」。13)

　実例２：「青年学級に来ると楽しいです」、「新年会などのレクリエーションを計画し、みんなでたくさん笑って楽しかったです」、「僕は、歴史、仏教が好きなので、仏像のこともみんなと一緒に勉強したいと思っています」、「実際にお寺などに行って、案内などもできたら嬉しいです」。13)

　実例３：「ここの青年学級は、自分のペースで和気あいあい楽しめるところが、一番いいところです。何か相談があれば、遠慮なく相談できるので、おすすめです。みんなで一緒に楽しみましょう」。13)

　実例４：「ＮＨＫ高校講座をみながら勉強するので、とてもわかりやすく苦手な教科を克服できるので、学べて良かったです」。13)

　実例５：「最初は、数学１の科目がわからなくて、何度も間違えました。しかし、復習しているうちに、少しずつ理解できるようになりました。今後、社会生活で活かせるようになりたいです。また、戦国時代が好きなので、是非みんなと一緒に勉強したいです。僕は、旅行が好きなので、みんなで旅行に行けたらいいなと思います」。13)

第 5 章

障害者の
オーダーメイド
個別支援

—当事者をどう受けとめ
どう支援していくか—

～知的障害のある人を中心に～

旅館で温泉を楽しんで

当事者の "what"（何）を受けとめ、共有する オーダーメイド個別支援

● 日々の生活の中に当事者の "what" がある

　日々の生活で当事者が判断し、決定し、行動している中には、いろいろな "what" がある。その当事者の "what"（何をしたいか）をどう受けとめて実現していくか。そのためには、当事者自身が、自分でしたい意思を育てる場、機会、環境、支援の提供の阻害要因をなくすことが必要である。

　そして、障害の特徴によって、本人の意思決定支援や共同意思決定は異なる。意思決定の対象は、多々ある。

　当事者が、何ができて、何ができないか、何をしたいかを知ることで、"what" を共有することが、自立に必要なオーダーメイド個別支援である。

（1）自立に必要な
オーダーメイド個別支援

① 自立生活能力を高める支援

● 1日の流れを当事者が決め、実行していく支援
実例1：1日のスケジュールを自分で決める。19)

● 当事者が望み、できることを増やしていく支援
実例2：約30年在宅で、重い身体障害のため自身で入浴ができず、母が亡くなってからは約10年間、体を洗ってくれる人がいなかった。家族から、「臭い、臭い」と言われ続け嫌がられ、施設入所させられる。50代で自身の意思で、施設を出て日本で初めてベッド型車椅子を使い、支援付き一人住まいができた。20)

実例3：人間関係が原因で退職したあと、精神的に不安定になり次の職に就けず、本人は早くお金を稼ぎたいと。時間をかけて就労系の事業所を数カ所見学し体験する。職種も自身で選択し、1年後に障害者雇用で就職。21)

実例4：通所事業所に通っている当事者が、「もっと給与がもらえるよう就職したい」と職員に話した後、事業所に来なくなる。相談支援専門員、関連市役所担当、父、兄、本人を交え話し合う。距離的にも良い就労支援事業所に移り、充実した日々を送っている。21)

● 当事者自身が経験し、積み重ね、選択して決める支援

実例5：「近くのスーパーへ行って買い物をしたい」と言う当事者と支援者が、チラシを見てからスーパーを見学し、購入したいものをあらかじめ決め、値段を確認する。再度、支援者とスーパーに行き、買い物かごを自身で取り、品物を見つける。レジで値段を聞き、財布からお金を出し払う。店員の対応が良く、本人に自信がついた。楽しくなり、その後1人でスーパーへ行って好きなものを買うようになった。21)

実例6：高校卒業後、就職するが1カ月で退職。父と2人で住む在宅当事者40歳の男性が、2人で通所事業所を見学。共に利用希望するが、父は毎日の利用を希望、不安な本人は週2回の利用を希望。担当者会議を行い、週2回からスタート。これまで家族以外と過ごすことがなかったため、初めての決められた食事と休憩時間を経験し、2週間が経過。通所日を本人に再確認すると「毎日通いたい」と即答。以後、工賃を楽しみに休まず通所。21)

● 福祉サービスを活用した支援

実例7：当事者の20代の男性が、アパートで一人住まいを始めた。金銭面が心配なため、社会福祉協議会の「安心サポート」と契約、火災保険に加入。食事面は、支援センターからアドバイスを受けて生活している。21)

② 自立のための緊急の場合の支援

実例1：親亡き後、支援付き一人住まいの知的障害者の当事者

から「体の調子が悪いからすぐ来てほしい」と兄に電話があった。しかし、兄が着く前に支援者が来ていた。当事者自身が支援者にも電話することができた。当事者の自信となり、支援者との信頼関係が深まった。33)

実例2：肺炎で長期入院している当事者が「施設へ戻りたい」と望み、病院と会議を重ね必要な支援や介護用品を検討し、整備した。亡くなるまでの1カ月間、施設で生活できた。21)

③ 自立を阻害する要因をなくす支援

● 買い物やお金の管理、移動の支援

実例1：疾病のために、「食事制限の中で料理を食べたい」と言う当事者が、食べ物、料理の工夫と片付けを身につけたい。22)

実例2：「旅行したい」と言う当事者に、写真、地図などを見せて旅行先を選択し、旅行費用の貯蓄習慣をつける。移動支援の利用の仕方を知りたい。22)

実例3：お金の使い方を身につけたい。高価な買い物がしたい。買い物と収入実感、小遣い帳をつくり管理したい。22)

● 当事者がしたいことを自分でできるようにする支援

実例4：自分の年金を自分で管理し、お金が貯まったら旅行したい。19)

実例5：自分達の新年会での挨拶や自己紹介を、緊張しないでできるようにしたい。13)

● 福祉サービスの利用の仕方を支援

　実例6：養護学校高等部卒の在宅20歳女性、弟と父との3人家族。通所事業所に通うが、家庭以外では話をしないため職員とは挙手と筆談をしている。養護学校恩師とのみ電話で会話。1年後、居眠りが度々あるので尋ねるが、はっきりせず。父に聞くと、「夜遅くまで起きているから」と。その後、恩師から担当者へ電話があり、本人が泣きながら「弟の弁当づくり、料理に文句を言われ食べてもらえず落ち込む、行動が遅いと言われる」と。そして、「家族に協力してもらいたい、部屋の掃除や後片付け、料理のレパートリーを増やしたい」と。担当者会議を開き、本人の希望に沿って週2回2名の居宅サービスを利用。半年経過後、本人は「家事の負担、ストレスが軽減された」と。21)

（2）生活を充実させる
　　オーダーメイド個別支援

① 当事者が何をしたいかを支援

● 何にヘルプを求めているか
　実例1：選挙に行って自分で投票したい。19)
● 当事者がどこに行きたいのか、どのように過ごしたいのか

実例２：旅行をする、里帰りをする、友人と旅行をする。

● 当事者達自身で決めて実行したい

実例３：当事者達で計画を立て新年会忘年会をする。13)

● 当事者が何が好きか、楽しいことは何かを尊重する支援

実例４：阪神ファンなので、自分で甲子園球場に行く。家族が買うスポーツ新聞を自分も読み、好きな漢字はどんどん読むようになり、自ら新聞を買って読むようになった。

● 当事者の趣味が自身の世界を広げる支援

実例５：家族から楽しく教わることで、趣味を広げた。高倉健さんや寅さんの映画が観たいと、自分で映画を観に行く。自分で餅をつく。書道が好き。

② 当事者が何になりたいかを支援

● 当事者自身が決める場、判断機会、経験を増やす支援

実例１：「将来介護の仕事をしたい。そのための資格を取りたい」と言う当事者。担当者会議で検討を行い、本人に資格取得の説明をし、了解後、専門学校に職員も一緒に行き、本人の障害を説明し受け入れ可能を確認。専門学校に通いながら、施設実習時には職員も出向き、理解を求める。学校、実習先への送迎対応や模擬試験の練習も一緒に行う。苦労を重ね、試験に合格。21)

● 当事者の得意なこと、良さを伸ばす支援

実例２：働いているＮＰＯの料理店のお客さんの息子が、当事者のＰＲ紙の絵を見て喜んでくれて嬉しかった。幸せは、自身の物差しで測るものと気づいた。

実例３：一人オセロゲーム好きを活かして、高齢者のオセロ相手として喜ばれた。

③「共に楽しみたい」を支援

　実例１：週末や正月やお盆休みは、きょうだい、家族、友人と余暇を一緒に楽しむ。
　実例２：家族と温泉旅行で背中の流し合い。

　当事者が、当事者主体で意思決定して生きていくためには、支援者（家族を含む）との確認、気づきが必要である。相手の言葉の繰り返しや、理解をして関係性をつくることが、成長の糧となっていく。
　またこの時、支援者が専門性だけに陥る危険性の自覚と、自己研鑽（注意度アップ）を自問していくことが大切である。

　当事者との共感が、当事者との絆を生み出す建設的な気持ちを育むのである。そのためには、当事者自身が他者と楽しむ気持ち、他者が自身と楽しむ場をつくっていくことが大切である。例えば、施設やＧＨや一人住まいをしている当事者にとって、時には家族と楽しむ、必要時には福祉サービス支援を利用するなど。

パニック・トラウマに対処する
オーダーメイド個別支援

　当事者の多くには、これまでの負の人的環境（家族、教師、医者、勤め先の人、支援者、友人、近隣住民、公的担当者、政治家、法、制度、障害無理解）や、経済的環境がトリガーとなっているパニックやトラウマがある。また、自身や他人を傷つける激しい行動障害は、当事者の願いの形を変えた表現であり、それに対する無理解がある。[28]

① 行動的、感情的な発現（パニック）

　実例1：「会社のみんながしているのに、僕だけがなぜ悪いんだ」。かろうじて社会人の仲間入りをしていたが、ある時、大きな発作が起きた。もう薬も効かない、人の注意も耳に入らない。当事者は、周りにあるものなんでもかんでも叩きつぶしてしまった。[26]

　実例2：GHで落ち着きがなく、他傷行為のある当事者が、故郷の新GHで医療機関のアドバイスを受けながら体験を利用した。当事者から、「地元で生活したい」との要望があり、じっくり聞いて対応した。3カ月後に新しいGHに問題なく移行できた。[21]

実例３：知的障害と身体障害のある当事者が、入所施設から自宅に戻って精神科でデイケアを受け、父と暮らしていた。父と喧嘩になると、暴言、物投げ、蹴るなどがあり再入所。入所後、体調不良を訴え治療、通院要求があり、要求が通らないと、暴言、自傷、他傷があった。困っていることの聞き取り、体調不良時の話し合いをし、ルール決め、外出や帰省の予定づくり、自制する方法の話し合い、他者と楽しくかかわる取り組み等を、表とスケジュールで視覚化して提示した。試行錯誤しながら、周りの友人との共感が徐々に生まれ、仲良くしたいとの行動が繰り返されるようになった。自分中心の考えから、他者の気持ちを考えるように変わり、相手の都合や要求に応じられるようになった。21)

② 人的環境による負のトラウマ

実例１：当事者の女性が、隣人の３人の子がいる男性からセクハラされる。また、別の当事者は運転手から性的虐待される。26)

実例２：当事者が、親から 10 代後半時に「兄は学校の勉強ができるが、できない子は手に職をつけるのが一番大切」と本人と訪問者に向かって兄と比較して言われる。

実例３：支援者が年上の当事者に向かって「ふんふん」などの言葉を使うなど、子供扱いをされ自尊心を傷つけられている。28)

③ 居住場の無理解からのトラウマ

実例：施設職員に「自分では何もできないでしょ、自分ででき

るようになってから」と、施設を出たい希望に対して反対され続けた。6)

④ 家族関係からのトラウマ

実例１：「私が亡くなったらどうするの」といつも言われる。9)

実例２：出社拒否、逃避、放浪する当事者を支えてきた高齢の母親が病気になり、姉妹が独立する過程で、家族内での当事者の存在が否定的言動として現れる。結果、当事者自身が「死にたい」「自殺を試みる」の自己主張に向かい、自己否定となる。26)

実例３：当事者の顔や体にあざができていることを支援者が知り、相談支援専門員や市役所担当者に相談する。当事者の兄に聞くと、介護が大変でイライラして妹を殴ったことを認める。精神障害がある兄と相談支援専門員と担当者で話し合い、月２回、当事者は短期入所することになる。落ち着いて暮らすようになった兄は、妹が愚痴をこぼすことなどから、妹の過ごし方を気にかけるように変わった。21)

⑤ 障害が絡んだ物理的起因からのトラウマ

実例：精神障害の長男が大声を出し、近隣から「迷惑」と言われる。公的機関に度々相談したが支援はなく、結果自宅監禁される。（第1章参照）

⑥ いじめ・偏見差別からのトラウマ

実例：小、中、高といじめにあう。高校卒業後、6社を転職した後ひきこもりとなる。情緒不安定性パーソナリティ障害と診断され、入院時の日記には、「生きていることがとても苦しい。弱い顔を見せることができるのは家族だけです。今ね、とても心が疲れきっています」と書いている。（第1章参照）

⑦ 優劣比較からのトラウマ

実例：同級生が本人の通信簿を無理やり取り上げ、みんなに見せびらかし、からかい、いじめる。きょうだいが同級生から紙を渡され、「お前の妹はバカだ」と告げられる。26)

⑧ 対人による緊張からのトラウマ

実例1：幼少、小中高期に在日のため日本語と朝鮮語を共に厳しく指導されたことで、今もどもってしまう。

実例2：みんなの前で突然質問をされ、ニコニコするが言葉が発せない時間が続く。13)

⑨ 医者や専門家の権威偏見差別からのトラウマ

実例1：小児科外来検査室医師が、母親へ、生後6カ月の重傷心身障害児の検査結果に対して「うわあ、これは脳波はぐちゃぐ

ちゃじゃ。この子は脳なんかないようなもんでえ。あんたー、こ
の子は将来、こんなふうに手足がねじれたまま固まってしまうん
ど。100％絶対かと言われたら、わしだって絶対だと言わんが」と、
椅子にふんぞり返って言った。34)

　実例２：医大の医者が、脳性小児麻痺の４歳の息子を背負った
母親に向かって、「昔からバカにつける薬はないと言うように、残
念ながら治りません」と言った。26)

　実際には、これらの要因が複合している。

● 背景になる原因を理解し、共有し、支援する

　当事者がその思いを抱え込んでいないか、気持ちの発露や不満
の表現ができる場があるか。
　また、それぞれの根拠、長短を伝え聞き確認し合っているか、
寂しさが勝っていないか、自己否定的になっていないか、存在が
否定されていないかなど、パニック・トラウマの背景にある原因
の理解や当事者が抱いている思いや、表現したい、知らせたい、
理解してほしいことを共有し支援することが大切である。
　さらに、意思決定支援を拒んでいる場合には、原因を取り除く
ことが重要であり、そこには多彩な要因がある。

つながりをつくるための
オーダーメイド個別支援

● 当事者はつながりの場を求めている

　当事者は、言葉を発する機会・場がほしい、出会いの場がほしい、友人づくりの場がほしい、付き合いの経験を重ねたい、パートナーを見つけたいなど、様々なつながりの場を求めている。そして、内容は一人ひとり異なる。

　また、当事者は安心して暮らしていける場を望んでいる。そのためにも、人から認められる充実感のある経験をつくり、増やすことが大切である。

　支援付き一人住まいの中で、地域、近隣、友人などとの交流で、時にはうまくいかない関係から学び、自身の楽しいこと、したいことを見つけ積み重ねていき、暮らしていくことが望ましい。

　この時、当事者の言葉を繰り返すことで、関係性を育むことが大切である。

① ミクロ共同体チームでつながりをつくる支援

● 定期的な意思決定支援会議（担当者会議）の開催

在宅当事者を中心とした、担当者会議を実現。メンバーは、当事者、相談支援専門員、家族、サービス管理責任者、日常生活自立支援事業所や就労継続支援事業所のスタッフ、民生委員、友人、近隣ボランティア、医者、社協、弁護士、自治会長等。22)

● 情報収集ネットワークづくり

記録の共有、独りよがり回避、一方的でなくつながるパートナーをつくっていく。いろいろな人に当事者の話を聞いてもらい、両者がさらに気がつき、当事者が意思表示する場や、つながっていく人をつくっていく。

実例：親が亡くなり、「自宅で一人で自由に住み続けたい」と強く意思表示する知的障害者（50代男性、療育手帳B、障害支援区分1、遠隔地に弟家族、就労継続支援B型事業所及び相談支援事業所利用）によりそい、相談支援専門員の提案で定期的な意思決定支援会議を地域メンバーが連携して行い、支援している。その中には、スナックの経営者（当事者はスナック通いで散財していた）と自治会長の連携、家事支援ヘルパーの紹介、フットサル同窓生との余暇活動、近隣高齢者とごみ捨ての助け合い、見守りなどもある。22)

● 支援共有のコミュニティづくり [35]

近隣の役割と家族の役割の長短、一定期間以上の交流の積み重ねが必要である。また、閉じた関係性は上下関係を生み出すため、開いた人間関係を構築することが重要である。

実例：家族が当事者を恥と受けとめ、隠していた。しかし、日頃の付き合いのある近隣のおかげで当事者は助かった。

② 声かけでつながりをつくる支援

実例１：通所の送迎バスの運転手が、支援担当者に思いもよらない当事者のこだわりを教えてくれた。[22]

実例２：民間バスのなじみの運転手が、近くに座っている当事者に下車するバス停を毎回伝えてくれた。

③ 訪問して、されて、つながりをつくる支援

言葉、感情、行動を発する場と、日常の多様な話し相手がほしいという当事者達を孤立させないために、日常的な接点を多様につくることが大切である。

実例１：支援学校卒業後、生徒達が青年学級を利用して、普通高校の学園祭で青年学級の自作のビラ配りを行った。[13]

実例２：当事者は、異性の友人、パートナーを求めている。家庭を持ちたいという思いがある。

④ 成年後見制度を活かした支援

　　実例：知的障害の 40 代男性の当事者。父を亡くし、認知症の症状が出てきた母と同居。職場を変わりながら、入退院を繰り返す母の世話をしたが、次第に負担感が増し暴言暴行が出てきた。

　　母は老人ホームに入所し、当事者は介護負担の休息のため精神病院に入院。当事者は落ち着きを取り戻したが、退院後自宅に戻るために、心配な浪費傾向のある金銭管理を、自治体の障害者担当と相談支援専門員に訴え、成年後見制度を紹介された。

　　当事者は、通帳管理を保佐人が行うことを拒否し、当事者管理となった。自宅に一人住まい後、浪費が増え、保佐人が調査官同席で当事者に預貯金が減っていくことを通帳を使って説明したが、当事者の強い意思で通帳管理はそのままとなった。

　　その後、入院中に知り合った女性と結婚。後に母が亡くなり、さらに妻の浪費で多額の支出があり、預金の残金が少なくなった。金融機関からも通帳の保佐人管理の依頼があり、調査官と自宅で話し合ったが、「節約するから」との意思表示があり拒否。その頃、妻の精神状況が悪くなり、当事者が妻を叩くようになった。妻が入院することになり、当事者は入院などの手続きや経費などで混乱し、保佐人に毎日頻繁に連絡があった。

　　当事者は、「何かあった時に相談ができるように、保佐人はつけておいてほしい」と言っている。保佐人は、「当事者の最善の利益が保障される意思決定ができるように支援していくのも、一つの支援であろう」と述べている。取消権、代理行使権、浪費介入しなかった行為の非難についての危惧にも、言及されている。[25]

障害者の人権問題に対する
オーダーメイド個別支援

● 自己主張が不得手な知的障害者にとって必須の問題

　特に自己主張が不得手な知的障害者に、いじめ、虐待、おどし、だましや恐喝、事件、事故への加担、強制不妊手術、胎内被爆など、過剰な負担や強制が行われていることに対して、支援が必須である。

　家族、支援者、相談支援専門員、友人、警察、法律相談等の緊急連絡先を当事者に伝え、常に身につける支援。また、スマホなどの利用の仕方を支援する必要がある。さらに、家族など気がついた人達が、公的関連相談室、弁護士相談室の当事者の利用を支援、また、供述弱者の問題も含めて支援する。

　さらには、公が積極的訪問支援を行うこと、強制不妊、胎内被爆については、国が二度と起こさないことも含めて、責任を持って対応することを切に願う。

　実例１：８人家族のうち、３人が知的障害者で混乱状態の家族の中で、日常的に育児や家事は、軽度な知的障害の長女に押しつけられていた。その長女が、３歳の三男の腹を踏みつけて死なせ

てしまった事件が、大都会の真ん中にある大阪市で起きた。36)

　実例２：2020年コロナ禍、国が支援する持続化給付金の不正受給詐欺に、知人らの誘いを受け、軽度な知的障害の当事者が罪の意識もないまま加担し、利用される事件が複数起きた。37)

　実例３：介護事業所に勤めていた軽度の知的障害の女性が、介護者殺人の罪で12年間服役した。初期裁判時から「罪を犯していない」と主張していたが認められなかった。当事者と家族の頑張りから弁護団が組まれ、服役終了後2020年3月に、再審で無罪が確定した。38)

　実例４：約60年前、知的障害や聴覚障害を含む障害者が、国が定めた優生保護法により、強制的に当事者が理解できない状況下で不妊手術をさせられた。『憲法24条（家族生活における個人の尊厳）』違反に絡む判決で、2020年から2021年にかけ、当事者敗訴が相次いだ。39)裁判所は、「20年以内に提訴しなければならない」という「除斥期間」を理由に賠償を認めなかった。被害者である障害者の状況、暮らしの現実からみて、この条項は不可能を強いるものであるにもかかわらず、合理的配慮が欠けており、撤廃すべき条項である。

　実例５：原爆による胎内被爆で生じた小頭症による重い知的障害の人が、わかっているだけでも17名いる。親が亡くなり、一人暮らしをする高齢の当事者を、高齢の弟が4日に一度介護のため訪れる。当事者から、「わしが原爆にあわんかったらどうなったと思う？」と問われると、弟は答えを窮すると言う。「お腹の中の小さな命まで傷つける。そういう兵器で平和が守れるわけはない」と弟は言う。40)当事者は、著者と同年代である。

第 4 部

「ここを
こうして
ほしいんや」

－公的支援の実現と
きょうだいの役割－

ごちそうさまでした。
ありがとう
ございました、
山下茶

弟からの絵葉書より

第 6 章

公的支援の
欠如と
問題の解決

〜知的障害のある人を中心に〜

天橋立にて

序 節

成人障害者の人権を保障するために
するべき必要な公的施策

　成人知的障害者の人権を保障するためには、わが国の当事者が
直面している厳しい現状の以下の2点を中心に、問題を解決する
ことが必要である。

（1）成人障害者殺し・隔離監禁の最大起因の解消
（下記％は第1部参照・知的障害者が被害者の半分以上である）

A：家族との同居が主因
　① 家族が高齢者・病気・認知症、一人親、きょうだいのみ、祖
父母のみなどのいずれかのため、専門家でない無給の家族自身や
関係者による介護のオーバー負担。
　・障害者が同居の二、三人暮らし（57％）
　・60歳以上の高齢者が加害者（52％）
　・家族が認知症やうつ病（33％）
　② 55歳以上の高齢障害者が被害者（14％）
　③ 借金や無職や退職等で家族の経済破綻（71％）
　④ 当事者の一時帰宅時における誘発（14％）
　⑤ 当事者、又は家族による支援拒否（10％）

Ｂ：公の支援力不足・いじめ・偏見が主因

① 公的担当者の不適切、不充分な対応や担当者数不足（10％）

② いじめによるひきこもり（14％）

③ 近隣等の無関心偏見差別（10％）

（２）親亡き後も見据えて、成人当事者が地域で安心して自由に暮らせることを阻害している要因の解消

これについては、本章で、詳しく述べる。

（１）と（２）とをまとめて言うと、人として生きることができる場の保障、土台（生存権、人権に加えて、交流と地域で暮らせるプロセスの支援）が必要である。そのためには、質の改善、利用者の満足度の向上、知的障害者当事者視点の改革が必要である。
20、26)

また、障害者が自分に適した選択ができる多様な場の種類と数が圧倒的に足りていないことも問題となっている。

先述したように、厚生労働省が進めている**居宅介護支援**の制度は間違っている。

必要な当事者全てに
地域で安心して自由に暮らせる
住まいの保障を

（1）地域各種居住場の
　　　圧倒的な不足

● 約 90％の知的障害者が自宅で暮らしている

わが国の障害者は、約 963.5 万人（人口の 7.6％）、うち知的障
害者約 108.2 万人（11.23％）である。その中で、公的に支援介護
が保障されている居住場を利用できているのは、わずか 11.1％で
ある。約 96.2 万人（88.9％）の知的障害者が、親やきょうだいの
世話の下、自宅で生活をしている。

さらに、先述したように、18 歳以上の知的障害のある成人在宅
生活者は、96.2 万人のうち 75.8％で、72.9 万人である。1)

"ふつうの人" なら、親から離れて暮らし始める年齢であるにも
かかわらず、これだけ多くの知的障害者が、自身の居住場を持ち、

充分な支援、介護を利用し、地域で楽しく安心して暮らせていない。一成人として、公がその基盤を保障していない厳しい現実がわが国にはある。

● 公の居住場を 10 人に 1 人しか利用できない

　私と弟が生まれ育った京都市での、支援介護を伴った居住場の選択ができない現実をより具体的に示す。

　京都市人口は約 146.2 万人、人口の 7.6％ が障害者であるとすると、約 11 万人。うち 11.23％ が知的障害者であるとすると、約 1.2 万人。うち在宅者が 88.9％ であるとすると、約 1.1 万人。そのうち 18 歳以上の在宅者が 75.8％ とすると約 8500 人（A）となる。

　知的障害者 1.2 万人のうち、在宅、非在宅に関係なく 18 歳以上の割合が 75.8％ とすると約 9400 人（B）である。

　一方、京都市の居住場の定員は、ショートステイ 96 人＋ＧＨ 394 人＋施設（規制の多い）の入所定員 420 人＋療育介護病院 150 人＝ 1060 人（C）である。23)

　従って、利用可能率は 11.2％（C/B）〜 12.6％（C/A）である。

　即ち、これらの居住場には 10 人申し込んでも 1 人しか利用できないのが現状であり、当事者の状況に合わせて選択できる余地など、全くないのである。親亡き後の当事者も含め、必要者全員の居住場が全く保障されておらず、必要としている当事者がいつまでも待たされることになっている。

　京都市は、比較的恵まれている政令指定都市だが、わが国の代表的な都市でもこの状況なのである。

（２）公による当事者に合った
　　居住場不足の解消を

① 全ての人に居住場の保障を

　障害者が、地域で安心して自由に暮らせる、障害、年齢等に合わせて選べる多様な、親亡き後を見据えた居住場（支援付き一人住まい、ＧＨ、ショートステイ、宿泊体験、地域小規模施設、療育施設等）を、必要な当事者全てに保障すること。

　また、家族の同居をあてにして、家族による日常的、非専門的、無給支援は、施策として行わないことが必須である。

　現在、家族の同居による支援は、有給と無給の境界が区別できず、無給支援を避けることは現実に不可能である。即ち、居宅介護支援の制度をなくしていくことである。その理由として、以下のことがある。

- **家族と同居が主因での問題が発生するため。**（先述序節の A）
- **家族の介入は当事者の自立過程を阻害するため。**（第 3 部参照）
- **支援の目が入りにくいため。**
- **自立に向けた親亡き後の支援付き居住場へのスムーズな移行を、環境の激変（例えば、経済基盤、理解者・支援者・家族）により困難にするため。** 41)（第 2 部参照）

しかし、この点について 2017 年の「厚生労働省白書」の施策

では、地域生活支援の居住形態について、ＧＨに加えて、**居宅介護支援**及び地域定着支援において、**支援付き一人住まいと家族同居とを区別せずに居住場の量的な増加の目標値が述べられている。**
42)

　しかし、当事者の主体的な生きがいと、親亡き後の支援付き一人住まいとを考慮すると、**「支援付き一人住まいの居住形態」の量的な増加の施策に、家族同居から支援付き一人住まいへの移行も含めて集中すべきである。**また、支援付き一人住まいの利用者数が極端に少ないのがわが国の現実であるにもかかわらず、利用者数のデータを明確にしていない。実際、**支援付き一人住まいをしている知的障害者はわずか３％**、2) 精神障害者は１０％台、身体障害者は２０％台である。

　実例１：障害のある人のうち約７割の人が父母祖父母兄弟配偶者子供から介助を受けている。多くの障害者の日常生活、社会生活は、家族の支援がなければ成り立たないというのが現実である（障害者を対象にした別府市の調査より）。43)

　実例２：障害者単身世帯１０.９％、家族と同居８９.１％（障害者を対象にした兵庫県の調査より）。41)

　実例３：将来暮らしたい場所：今住んでいる家。理由：住み慣れている家は安心して暮らせる、地域の理解があり今通所している所にずっと通える、環境を変えたくない、デイサービスを受けながら長年住み慣れた所で周りに気兼ねなく過ごしたい、公営住宅で家賃が安いためこのまま住みたい、生まれてから住み続けた家だからどこにも行く気持ちはない（兵庫県の調査より）。41)

実例4：知的障害者の看取り・終のすみか：人手が壁、事業赤字。44)

② 住み慣れた地域で
支援付き一人住まいを実現するためには

A 当事者中心で各種居住場の決定過程を大切にする

・親が亡くなる前に、親亡き後の当事者の居住場を考える五者会（当事者＋親＋きょうだい＋支援相談者＋行政担当者）を持続的に行い、宿泊体験等を通して見つける。

・体験居住場から始める制度や、賃貸体験居住場制度の実現、多人数支援付き一人住まい。（第3章JCILの実践を参照）

B 当事者が居住場の選択を意思決定できる制度の設置

・在宅知的障害者の居住場選択、地域での日常生活での行為の選択に対する、関係者による当事者の意思決定支援会議制度の普及と緻密な会議システムの実現。

・言葉で自身の意思表現が困難な人が、地域での居住場の選択も含めた意思決定を支援する制度の設置。

C GHや支援付き一人住まいの量的確保

・「地域で共に生きる」とは、「共に住む場をつくる」こと。空き公営住宅や店舗、廃校、空き地、空家、リフォーム活用、シェア化が必須。

・身体的にも知的にも重い障害者で、医療支援が常に必要な人の地域での暮らしの場の実現。

③ 当事者が自らつくる次世代居住場の実現への提案

施設運営者、ＧＨ運営者、事業者にお金を渡すのではなく、**知的障害者自身が公から直接交付金を受け取り、そのお金で居住場を借り、支援介護者を選び雇用する**。あるいは、**支援介護者を雇用し、住宅給付金で自宅を支援付き一人住まいとしてつくり直す**。そして、**当事者が世帯（分離）者としての自立した居住場を実現する**。

また、先行特区地域で実施研究開発をする。例えば、在宅成人知的障害者が、自分に合ったものを全て自身で選び住める、多様な各種居住場を町の中に点在させるといったような、**立体多層構造連携共生社会**（終章で詳しく述べる）を試行する。

これらの先には、当事者がよりチャレンジな暮らしができる次世代居住場があると考える。

それは、公的援助による、知的障害者が運営主催者となる自立生活活動団体の試行、実施、実現である。その方法として、成年後見人がその支援者として参加する場合もあり得る。また、軽度の知的障害者が、支援者を伴って運営主催者として参加する場合もあり得る。

第2節

必要な当事者全てに
能動的な在宅訪問による
相談支援、介護の保障を

● 要請を待たずに、積極的な在宅訪問による支援を行う

　最も重要なことは、最悪の事態（家族による障害者殺しや隔離、監禁）を前提に、知的障害者当事者や、家族から直接要請がない場合においても、随時、積極的に在宅訪問による相談支援を行い、障害者一人ひとりの意向を確認していく作業が必要である。6)

　一人住まい、親なし、一人親、病気や認知症の親、高齢親、多重介護家庭、貧困家庭に対して、特に配慮が必要である。

　障害の重さや支援区分によらず、家族の健康や経済状況等に関係なく必要な当事者全てに、自立のための能動的な在宅訪問による相談支援、介護を行うべきである。

　さらに、年齢制限（65歳問題を含む）、経済制限、期間制限などを設けず、随時訪問、長期的見守り、SOS発信受信体制等の整備も必要である。

　また、当事者の人権、生命にかかわる時には、セルフネグレクトがあっても即適切な居住場を保障することが必要である。

　考慮すべき点は、**現在の「当事者の要請を窓口で待つ」**（「厚生労

働省白書」42）) のではなく、「積極的に訪問を重ね、当事者の親亡き後までのライフプランづくりを実施する（社会福祉サービスの利用代行及びアフターケアも含めて）」ことである。

● 在宅訪問を行う相談支援専門員不足の現状

　実例 1：別府市（人口約 11.5 万人・障害者数約 8700 人）では、委託相談事業所 19 カ所のうち 4 つが中核的な存在であるが、中には相談支援専門員が一人当たり 100 件以上の計画相談を窓口で担当している。障害の特性が異なるため、相談支援専門員も全ての障害に対応していくのは難しく、緊急時の対応も難しい。43）

　実例 2：京都市（人口約 146.2 万人・障害者数約 11.1 万人）では、公的の相談窓口 28 カ所のうち 1 カ所のみが訪問を行う在宅重度身体障害者訪問診査事業である。また、重度及び知的障害児者指定相談支援専門員数は 46 人である。先述したとおり、ある相談支援専門員は 1 人で 140 人を担当し、且つ兼務である。23）

　当事者、家族に対して行き届いた相談、訪問、支援、ライフプランづくりとそのアフターケア等を実施するためには、量的、質的に圧倒的に支援が不足している。兵庫県の調査では、個別支援体制の充実、住宅確保、サービス費用の負担軽減、高齢者の訪問医療、年金で生活していける支援が求められているとある。41）

　高齢当事者、家族が高齢者、病気、一人親、きょうだいのみ、祖父母のみや当事者のみのいずれかの場合は特に、相談窓口に直接出かけて行って詳細を伝えることは極めて困難である。

必要な当事者全てに
住まいの保障と相談支援の
実現のために

① 公平・平等な第三者委員会の設置

　住まいの保障と、在宅訪問による相談支援を速やかに実行する
ためには、当事者のための公的機関活動の監督と選択（自己決定
権）を保障すること、住・食・教育の問題解決（自立）のための、
利用者が選べる多様なケアが必要である。

　そのためには、当事者、家族や関係者が異議申し立てできる第
三者公正委員会を地域に需要の数だけ常設する必要がある。報告
と監査があり、そのためのアシスト、公平、平等が原則で、当事
者も参加可能な第三者機関である。

② 公による人的支援の保障

　障害者を対象にした別府市の調査によると、障害基礎年金、心
身障害者福祉手当、特別障害者手当、心身障害者扶養共済制度等
について、申請窓口での適切な案内と連携（説明が理解できてい
ない人も考慮して）を通して、生活に困らない収入が得られる状

態が必要とある。 43)

　当事者、家族に対する経済的保障、医療的保障等が必要である。

③ 公による当事者の基本的人権の保障

　公の予算経費負担、日本の社会保障費は、先進自由主義国が参加するOECD（経済協力開発機構）36 カ国中、世界標準となっている対GDP比で見ると、日本はGDP 2 位にもかかわらず、14位（2018 年）と非常に低い。 45)

　同年の障害福祉サービス等の公費負担予算は 2.6 兆円（国 1/2・都道府県 1/4・市町村 1/4）である（地方公共団体については、財源能力に依存するために地域間の格差が生じている）。 46)

　障害者、年 1 人あたりでは、2.6 兆円 /963.5 万人＝ 27 万円 /人（年）である。あまりにも貧弱である。低収入の障害者、低年金の高齢者が増え、より著しい格差社会となっている。

● 当事者の経済的現状

　・障害者雇用率 2.2％のルールの中で、障害者は正規雇用ではなく、ほとんどが契約雇用（給与 13 ～ 15 万 / 月・20 歳前後）で、選択ができない。また、雇用率 2.2% の根拠は、障害者の失業率を日本全体の失業率に合わせることにある。失業障害者の生活の保障の視点からではない。

　・障害者への経済的自立を支援する制度の現状は、「障害者基礎年金」と「特別障害者手当」9 ～ 11 万円 / 月。

・ＧＨ等は、利用者の各種介助、介護支援手当、年金、保険等で、一定程度は経済的には支えられている。しかし、それから生じる規制を考慮して当事者の受け入れを制限しているという柔軟性に欠けている現状がある。ＮＰＯによるＧＨ等が増加していることに対しても、算定基準の緩和が必要である。

・親もきょうだいも当事者も、日々の精神的且つ経済的自立を目指し、三者が相互に尊重して対応すること。当事者の欲求を満たし、欲求の数を減らし、選んだ欲求に対し満足を高める。少欲知足の精神が大切である。7、57)

・当事者一人あたりの地域生活支援費を増やす。スウェーデンには、今や入所施設はない。大規模施設建て替えに必要な経費全てを、地域生活支援費に回している。6)

● 当事者の環境的現状

・介護支援専門員、訪問介護・介助には、窓ふき、室内灯カバーふき、10年以上そのままのリモコン掃除、玄関の土間掃除、トイレ掃除、台所ファンカバー掃除、小植木整頓、室内の床、壁、仕切り掃除等は含まれず、自分で解決することになっている。これは、最低の文化的生活保障（憲法25条）にはなっていない。

・当事者の特徴を見つけ伸ばすことを支援する制度を、育てる必要がある。

④ 支援者数の不足と力不足の公による解消

● 制度や仕事による支援の低下と分断 6)

制度や仕事が増えると、役割分担、分離、分断が進み、決まりきった仕事しかできなくなり、人間同士のつながりが希薄になる傾向にある。

制度の充実に伴い「心が通い合う」ことが離れていく問題があることに対して、利用者が他者、ケア者とつながる喜びを発展させ、双方向の人間関係を最重要視する活動体を育てることが必要である。

● 専門家とボランティアとの相違点

専門家とボランティアとの長所・短所を確認し、両者を併用した地域共生活動体を育てる必要がある。

専門家の長所には、専門経験や資格等があり安心性がある。ボランティアの長所には、柔軟性があり、近隣地域とのつながり、軽負担のために多人数での連携に強い、人と人とをつなぐ原点になる、互いが生きがいを築ける、というものがある。逆に、お互いの長所がそれぞれの短所になっているのも事実である。

しかし、両者とも人材を見つけるのが困難になってきている。どちらにとっても大切なことは、個人のためにグループや組織があるのであって、それらのために個人があるのではないということである。

そして、必要な全ての当事者に、住まいの保障と在宅訪問による相談支援を実現するためには、各種格差の解消（終章参照）、事業所間格差の解消、地域間格差の解消、蔑視・偏見・いじめ・差別の解消のための公的支援・制度の実現や充実、窓口担当者間・支援者間・介護者間・医者間の格差の解消が、必須である。

⑤ 公的支援の財源問題の検討のための提案

● 税のかけ方の再検討を

・西欧諸国のモデル

西欧諸国では、国税の確保及び企業の保険料負担がより確保されている。これらの国は消費税が高いが、暮らしにかかわる食料品等の生活費は免税や軽減税が実施されている。[45]

例えば、スウェーデンでは国税 30％、地方税 20％、消費税 25％である。[6]

それらの財源を基に、選択可能な多様な居住場が、数も含めて十分にある。18 歳以上には、家族と連絡する前に本人の同意が必要であり、自立した人間としての自己決定権が保障されている。さらに、障害者に対して、国が 80％の給与を負担している。一方、20 年間で経済成長は 1.6 倍（日本 1.16 倍）、人口は 1000 万人弱である。[6]

・財源確保のための見直しを

財源の確保として、所得税の累進率を上げることを検討する必要があると考える。世界の全所得総計の 99.9％以上の所得額が、

全世界の人口の 0.1％の超高所得者の総所得額である。 [47]

　現在の経済は、世界的に実態経済と大きく遊離した投資経済となっている。世界大恐慌やリーマンショックのような恐慌が再び起こり社会的弱者が切り捨てられないためにも、検討すべき状況であると考える。

　また、様々な優遇税で中小企業より実効税率が軽減されている大企業の負担を元に戻すのも一つの解決案である。 [45]

　実際に、法人企業の内部留保は 8 年連続最高の 475 兆円（2019年度）で、日本の国家予算の約 5 倍に達している。 [48]

● 税の分配の再検討を

・累進課税で所得格差の解消を

　経済学者のピケティは、先進諸国の 100 年以上の税金と所得の関係の資料を科学的に丹念に調査した。その結果、約半世紀周期で所得格差が著しく増大し、その都度、超高所得者層の税率を上げ中間及び低所得者層に再分配することによって、弱者切り捨ての問題が解決されていることを提示している。 [47]

　世帯収入 400 万円以下の家庭が半数近くあるのが、日本の現実である。

　高い累進課税を行い、[47] 人権保障のため、及び平均所得を高くしその人口を増やすために、そして所得格差が少なくなるように、税を再分配することが必須であると考える。

　所得の実態に合わせた、誤った方向に行かないベーシックインカムの実現も一つの検討課題かもしれない。 [7、49]

・国税の無駄使いを社会福祉費に

　人権保障重点の予算配分の参考例がある。コスタリカでは、1948 年以来、非武装を制度化し文化にまで昇華させ、福祉・環境の充実、医療と教育の無料、軍事費ゼロ軍隊廃止とし、国の安全は警察で十分であるとした（憲法 9 条：ノーベル平和賞受賞 1987 年オスカルアリアスサンチェス・2016 年地球幸福度指数 140 カ国中世界 1 位）。50) 人口は 500 万人。

　わが国でも、例えば、短期間で買い替えられる最新戦闘機 147 機を維持費も込みで 6.2 兆円で購入し、既にある高価な戦闘機をお蔵入りにする無駄使いをやめ、51) 弱者や障害者の社会福祉費等の予算に回し、国税を有効に使うことも一解決案であると考える。

第 7 章

きょうだいが
当事者に
できる支援

～知的障害のある人を中心に～

生まれ育った京の家にて

きょうだいと当事者との関係

● きょうだいは、生涯同年代を生きる

　当事者ときょうだいは、物理的に離れている時期があっても、幼少期から老齢期まで、生涯同時代を同年代で、それぞれが"自立"に向かって、互いに影響し合い、経験し、競合し合いながら人生を歩む。この意味できょうだいは、**当事者と対等な立場で、障害、個性、生活を生涯にわたって最もよく知っている者となる。**

　この点、公的福祉・教育・医療・職場関係専従者、支援者やボランティア、近隣、理解者とは大きく異なる。家庭を持ってから当事者を生み育てる親とも異なる。一方、きょうだいにはない特性がある。

　実例：弟が知的障害者で、両親と共に暮らし、弟の世話をしている姉の言葉。「もし、**許されるのでしたら一つお願いがあります。先へ行って、家の事情が変わり、私と弟だけになった時、２人一緒に施設へ入れていただけないでしょうか？……**」。26)

　以下、きょうだいと当事者との同時代の歩みに沿って述べる。

（1） 幼少期から青少年期

① きょうだいと当事者を取り巻く環境

きょうだいにとって、当事者を取り巻く否定的環境の経験と、当事者との関係の認識が、青少年期に始まる。

きょうだいは、共に過ごす中で、当事者に対する近隣や職場の人達や各種専従者や友人や同年代者の知人による同情、対応の不慣れ、劣等視、蔑視、無視、いじめ、排除、孤立化、パワハラ、セクハラ、偏見、差別を、当事者と共に発達成長過程で経験する。これらの否定的行動は、親やきょうだい自身にもある。

きょうだい自身に注目して言えば、これらのことから当事者にとっての公による「三大人権保障」（第2部参照）の欠落を自覚する。

さらに、特に限られた経験や情報しか持たない青少年期までに、自身の状況を同年代の他者と比べて **"誰にもわかってもらえない"** **"孤独感"** **"絶望感"** などに陥る人もいる。しかし、これらの経験や感覚は、**否定的な意味だけでなく肯定的な意味でも強弱の差があり、生涯引きずる、あるいは刷り込まれる**ことになる。[26]

実例：「お前の弟へん」と、きょうだいに面と向かって同年代者が言い放つ。親が大変なことがわかっているので、親には言えない。弟のことを友人に知られたくない。[33]

私と知的障害のある弟の場合：

● 弟の暗い顔と明るい顔

　私の弟は、特殊学級中学校卒業と同時にパン製造会社に勤めた。仕事は高温パン窯作業。次第に朝4時頃に出勤し、夕方3時頃に帰宅するようになり、残業もあった。

　数年後からズル休みが続き、その都度会社から電話があり、謝った。私は老両親をおいてあてもなく、駅前、繁華街、映画館、公園、野球練習場等へ弟を探しに行き、くたびれて帰ってくる。何気なく夜帰ってくる弟に問いただすと、弟は暗くなり沈黙が続く。私は、持っていきようのない気持ちを老父に問いただすが、最後には思わず「こんな子を生んだことはない」と。老母は黙っている。

　家族全員が弟の出勤時刻に合わせて起床し、私が一緒に会社まで行く。途中で見失ったこともある。出勤確認後、職場の方に「よろしくお願いします」と言って私がいなくなると、弟は会社を抜け出す。

　こんな家族状況が数年続いた後、弟は会社を辞めた。その後、京友禅染工場等、何社も勤めたが全て続かなかった。

　弟の唯一の楽しみは、週2回夜、ボランティアで特殊学級の先生方（特攻隊生存者と言っておられた）が行っている「青年学級」で、友人と歓談し学ぶことであった。私も手伝った。そこでの彼の明るさは、家庭内では考えられないことであった……。26)

② きょうだい・当事者と親

　否定的な経験の下で、親の本人への過剰な対応ときょうだいへの過小な対応の反動と相まって、きょうだいによる当事者への否定的言動が家庭内の閉鎖空間で生まれることがある。これが、当事者自身の家庭内での居場所をなくす要因にもなる。

　当事者に自己否定感が生み出され、当事者の自立への意欲を阻害し、そのことに対してきょうだい自身が自虐的になることがある。

　実例：「当事者の存在が欠かせない」との職場や家族の肯定的行動で当事者自身が変わった。26)

（2）青年期から成人期（独立期）

---

① きょうだいの他との「つながり」

　きょうだいは、幼少期から青年期に経験することに続く成人期に、当事者がおかれている問題を解決していくには、きょうだい一人の力では解決できないことに気がつく。きょうだいの、他へのつながりの必要性を認識するのである。

経験や情報等を通して、視野が広がり、そして"心ある"第三者、支援者、ボランティア、専門家、グループ、団体、施設や情報に模索しながら、出会い飛び込むかどうかの岐路に立つ。**つながりを"つくる"か"NO"かの分岐点である。そして、"つながり"へは、覚悟を持ったカミングアウトが必須であることに気づく。**隠さずに、他者に知ってもらうことの覚悟を持った楽観主義が大切である。

実例：6人きょうだいのうち、兄が精神障害、姉が知的障害、弟が重度知的障害。5番目の姉は一人で悩むことから始まり、必然のように障害者教育の道を選び、カミングアウトする気になる。そして、弟がやっと利用できた重度知的障害者施設の職員となる。気持ちがいじけてしまっていた在宅の姉は、熱心な福祉事務所が集団生活の必要性を説得後、利用していた施設とは別の施設へ40歳で入所する。世間では、のけ者にされてきた在宅の兄は、母の死後、本人の希望もあり自宅近くの寮のある会社に勤める。寮の管理人の親戚や同僚の中に精神障害者がおり、職場に理解があった。そして、きょうだい自身は……。26)

② きょうだい自身の環境

きょうだいは、同年代に親から経済的、物理的、精神的に独立する。当事者の地域生活、就労、友人、パートナー、支援者問題に加えて、きょうだい自身の進路、就職、パートナー、結婚等の選択の過程で偏見差別に出くわす。

特に結婚、時には出産においては、多くの場合、当人同士が同

意していても、パートナーの親が反対する。この偏見に対応して
いく過程の経験を、当人同士が今後に活かしていくことが大切で
ある。

　実例：きょうだいが言った。「付き合っている人がいるが、障害
のあるきょうだいのことをどう言えばいいか悩んでいる」。33)

③ きょうだいの自立と当事者の自立

　きょうだいにとって、家族内での最大の問題が、きょうだい自
身の自立、当事者の自立支援、親からの独立と配慮である。また、
公制度の利用、つながりづくりも必要である。

　特に、親の勝手な言動、きょうだいへの主従的言動、他のきょ
うだいの非協力が、きょうだい自身の自立への努力を阻害し、当
事者への支援意欲をつぶすことになる。

　この問題が現実には、精神的にも、物理的にも、きょうだいに
とって最も大きく、最も多い。親や他きょうだいは、きょうだい
を一人の独立した人格者として尊重、言動をすることが必要であ
る。

　実例：父母と2人きょうだいと当事者の5人家族。世間体を気
にする父は頑固で、支援者からの当事者の就職の助言を拒否。父
は、母の家事手伝いとして当事者を隔離的扱いし、次女へは、「当
事者を一生見よ」と言う。家族を持つ長女は、自身の子供2人の
子守を当事者にさせ、配慮なし……次女は、鉄道自殺した。26)

④ きょうだいが当事者から学ぶ

　青年期から成人期の最もパワフルな年代に、きょうだいが自覚すべき最も重要な行動指針がある。幼少期から当事者と出会うことで**最も良い点は、「他者を思いやりながら自身の自立を育てる」**ことを、頭だけでなく体の中まで身に染みて学ぶことである。

　これは、誰にとっても必要な基本的人権保障、平等、平和共存の根底理念と共通の実践的な思想哲学となる。

　実例：きょうだいが友人に言った。「良いこともあった。弱い人の気持ちがわかるようになった」と。33)

⑤ きょうだいが「つながり」をつくる

　きょうだいは、次第に"心ある"各種階層、情報に接触し、参加の第一歩の肯定的行動に踏み出すことがある。無理のない、持続的な積み重ねが重要である。

私と知的障害のある弟の場合：

● **心ある人達との「つながり」から**

　私の場合、弟の元特殊学級の2人の先生とから始まって、先生が行ってこられた障害者青年学級、親の会、きょうだい会、ボランティアでの出会いがあった。青年学級での弟の友人達との明るい振る舞いは、家庭内では想像もつかない積極性があった。

　私自身、"きょうだい会"でパートナーと出会う機会も得た。以

後、弟の暮らしへの支援は多くの困難な課題と出くわすが、長きにわたって心ある支援者との交流、元特殊学級の先生と約50年（次頁に写真）、他のきょうだいとの協力、公的サービスの活用や活動がキーポイントであった。

（3）高齢期

● 親亡き後の当事者ときょうだい

最後に、親亡き後に当事者が地域で楽しく安心して暮らせる居住場の問題に、きょうだいの立場から行う支援活動がある。

支援団体は、「当事者と家族の熱意が重要」と言う。

まず、当事者中心の住まいの選択のための、「関係者のチームづくり・会議」のきっかけを、関係公的窓口担当者を通してつくる活動である。

親がいる間に、当事者＋家族＋地域相談支援専門員等で繰り返し会議することから始める。当事者の希望、障害、経済的基盤、利用可能居住場数、支援者数、利用サービス内容等多数の検討課題がある（第2部参照）。

実例：（P66の実例を要約）70代の母が、一人っ子で30代の当事者に、将来のことを考えて、友人のいるＧＨに住むことを提案。

本人の意思表示がなかったため、本人、家族、事業所職員、相談支援専門員、管理責任者、友人での担当者会議を定期的に開催し、話し合いを重ね、宿泊体験が試みられた。本人に自己選択、自己決定、自己実現の経験が増えてきた。約6カ月後、家族と離れてＧＨで住むことについて、本人から「友人がいるから大丈夫」と意思表示があった。週末に実家に帰ると、日曜日の夕方には自発的にＧＨに帰る準備をする。ＧＨが、自身の暮らしの場となった。
22)

　以上で述べたことは、親が、病気、高齢、無職、一人親、外国語等の複合ハンディの場合は、当事者にとってさらなる課題が生まれる。きょうだいがいない場合は、あてはまらず別な視点が必要である。

弟の特殊学級の先生（中央）と一緒に（50年来の付き合い）
先生宅の前にて

きょうだいの当事者への役割

（1） 基本理念と現実

● 基本理念

　きょうだい、ボランティア（義務ではなく自発的意思）、気がついた人からの何らかの支援は、状況に応じて可能な場合、小負担で行うのは、一人間として意義がある。地域で理解者や協力者を増やし、偏見や差別をなくしていくためにも大切である。また、小さな実践の持続は、第三者にも影響を与え、且つ学ぶことにもつながる。

● 現実

　仮に素人のきょうだいが緊急対応するとしたら、仕事、自身の生活、自身の家族の問題など、時間的、空間的、経済的にも余裕を持った支援は難しい。

当事者ときょうだいとの間のネガティブな履歴を引きずっている問題や、感情的にならず丁寧でわかりやすい言葉の問題も含めて、当事者ときょうだい（さらに親）との建設的なコミュニケーション、関係性を充分に持つことも難しい。

　社会的に閉鎖的な状況に陥らないためには、第三者として、公的に保障された支援者、相談支援専門員やボランティアの参加が必須であるが、その窓口は充分ではない（先述したように京都市では1人が140人を担当し、且つ兼務している）。
　きょうだい、親は、チームをつくって対処することを待っているが、誰もやってくれないのが現実である。
　当事者の地域での日常新生活のプランナーや、よりそい者となる公的支援者はおらず、すぐに対応できる専門担当者もいない。最も早く気がつく家族が、支援者の1人にならざるを得ない。

　親、特に母親が当事者を抱え込み、専門担当者のチームづくりを拒否することの問題がある。
　この問題は、成人後の当事者が望む、安心な一人暮らしへの道を閉ざしてしまい、親亡き後、当事者にとって地域でのトラブルのない居住場へスムーズに移行することを不可能にしてしまう。
　「かわいい子には旅をさせよ」、その旅先として、当事者が地域で楽しく安心して暮らせるよう、当事者の生活を充実させる言動が家族の役割である。

（2）きょうだいの
自発的意思から発する役割

● 「つながり」をつくることが、きょうだいの役割

　当事者が、地域で楽しく安心して暮らせるようにするための
きょうだいの役割は、一歩でも前へ進めるつながりをつくってい
く、少なくともそのきっかけをつくることである。

　当事者の特徴を活かし、実践しながら、実践したことを基に、
公に要求し実現させると共に、地域協力者や理解者をつくってい
く。

　諦めず、無理せず、自発的意思として、ボランティアとして、
やりがいが少負担を上回る視点で行うことが大切である。

　また、**親が当事者を抱え込む場合は、第三者も巻き込んで、親
亡き後も当事者が地域で安心して楽しく暮らせる場を実現するた
めに、先のことを考えて言動してもらうよう、きょうだいがもっ
ていくことである。** 最低でも、否定的な言動をしないよう静かに
見守ってもらうことが大切である。

　さらに親が病気の場合は、一層の関連公的機関の利用、相談で
きる第三者をつくっていく必要がある。

① 当事者の理解者・伝達者となる

　当事者の同年代者としての理解者、伝達者となることがきょうだいの役割である。親は、家族生計維持者として、子育て目線で当事者を見ている。きょうだいとは全く異なる視点を持っている。

　実例1：視覚障害、知的障害、言語障害で在宅の妹と暮らしている兄。何かを要求していることはわかるが、ものの実態がわからず、味覚と臭覚が頼りで表現の自由が持てない。時には大きな声で泣きわめき、時にはしつこく何かを要求する。兄は理解できないもどかしさを感じる。妹は、家族の顔も知らず、思いと行動が自由にならない。彼女の楽しみは、おいしいもの（特にカレーライス）を食べること。兄が居住場を児童相談所等に相談したが、「団体生活は不可能に近いので、家庭で面倒を見たほうが本人のため」と言われる。専門職にしては、想像力、実行力が欠けていると言わざるを得ない。兄は、専門職を乗り越える者となるように、工夫の積み重ねを強いられ、鍛えられる。26)

　実例2：きょうだいは、同年代に対等競合意識を柔軟に持ち、その中で成長し、生き方を探している。きょうだいと当事者には、一緒に酒場やレストランに行って飲食を楽しみ、お互いの好み、特技やこだわりを知り、プールで教え合ったり、映画に行ったり、旅行を楽しむなどの正の側面と、学生時代、理髪店での当事者の会話の不充分を避けようとするきょうだいの不自然な対応や、自転車の練習の失敗、家族への一方的な非難、当事者の無言といった負の側面がある。右往左往しながら一緒に成長してきた経験を、正と負の両方で共有してきている。26)

② 福祉サービス・経済・財産管理の支援

　当事者への経済的支援（無理のない）、各種福祉サービス情報収集、申請書を書き提出、後見人制度の活用、各種障害者保険金利用、関連自治体窓口利用等を、親亡き後引き継ぐ。

　・私と弟とが生まれ育った京都市の場合 23)

　各種障害者保険金利用：自立支援医療給付金・障害者自立支援医療特別対策費給付金・重度心身障害者医療費支給制度・知的障害者施設等入所者医療費支給・後期高齢者医療制度・重度障害老人健康管理費支給制度・心身障害者扶養共済・生活福祉資金貸付・手当・給付金等制度・年金等制度（保険料支払い要）。

　各種在宅福祉サービス：居宅介護・重度訪問介護・行動援護・同行援護・重度障害者等包括支援・移動支援（京都市ほほえみネット）・訪問入浴サービス・重度障害者入院時支援員派遣事業・重度障害者緊急時介護人派遣事業・在宅障害者療育支援事業等短期入所、日中一時支援、通所サービス、地域における見守り活動促進事業等。

　その他：各種税金公共料金の減免等、各種社会参加の援助、住宅関係（市営住宅優先選考・重度障害者住宅環境整備費助成事業等）。各種相談窓口（障害者相談支援専門員制度等）、権利擁護（日常生活自立支援事業等）、就労、各種居住場、通所施設等。

　これらの情報は、自治体で公開されている。**全て、所得制限、障害内容やレベルによる制限、一部負担制限あり。**

　これらへのアプローチを、当事者に合わせて優先順位をつけて支援することが必要である。

私と知的障害のある弟の場合：

● 親族は兄の私のみ・成年後見人は兄の私

　私の場合、弟（療育手帳 A）に対して、経済的視点に注目して書くと、国民年金・厚生年金・保険年金として老齢年金、障害年金 2 件、生命保険（据置定期年金）として 3 件、京都市心身障害者扶養共済年金、医療保険（定期生命共済）、損害保険加入者証、後見制度支援信託タイプとして財産承継信託、障害福祉サービス受給者証、銀行通帳 2 通、マイナンバーカード、ＧＨとの契約書、成年後見人・後見等事務報告書提出（毎年弟の誕生日に家庭裁判所へ、財産管理が主）等の対応がある。交渉、契約、支払い、管理、報告等を必要に応じ、その都度、私が行っている。

　10 年前から弟の親族は私のみで、成年後見人（無給：この点今後の課題）である私が行っている。ただし、毎日、年間を通しての弟の細かな支出、収入とその記録、指導、管理は、ＧＨで代理執行してもらっている（定期的に報告を受け、必要書類を受け取っている）。

_____

　支援を引き継ぎ、実践しながら、当事者の居住場の専従者と、支援内容をシェアしていくシステムを根気良く詰めていく活動が重要である。視点を変えれば、成年後見人制度もこの一種である。また、きょうだい、親、支援者が実践しながら気づいた隙間を埋めていく要求活動、協力体制を積み重ねていくことも重要である。

　親族がいない当事者の場合は、公が支援制度をつくり保障すべきであるが、完備されていない。

③ 当事者の支援者・理解者のネットワークづくり

当事者の支援者・理解者とのネットワークをつくる。きょうだい会、親の会、障害者団体、ボランティア団体、福祉団体への参加や、民生委員、自治会長、相談支援専門員、関係自治体窓口、地域活動団体、当事者利用機関 23) との交流等。

家族で抱え込まないで、第一歩を「だめでも良い」気持ちで繰り返し歩み出すことが必須である。

私と知的障害のある弟の場合：

● 今でもネットワークで多くの人とのつながりが

私は、在宅の弟の職場問題を抱え込んで悩み、弟の中学校元特殊学級の先生に直接、大胆にも思いきって相談に行ったのが、第三者として出会うきっかけだった。私が 20 代前半の時である。先生がボランティアで行っていた「障害者青年学級」に参加し、手伝いをして、つながりが一気に広がった。

親の会、きょうだい会づくり、大学の学生への青年学級のボランティアの誘い、参加。このことは、弟を含む家族内での肯定的影響となる。強弱の差はあっても、現在も多くの人との出会い、ネットワークとして続いている。

まだまだ、当事者の地域での日常新生活のプランナー、よりそい者となる公的支援者がほとんどいない。即対応ができる専門担当者も少なく、**申し出ないと対応してもらえない。**

当事者では無理な場合がほとんどであり、対応できない家族の場合は無視されるのが現状である。

そして、ネットワークがないため、障害者殺しの温床（予備軍）の一つとなり得る親亡き後の障害者の暮らしの実態が現実にあるが（第1部参照）、親の抱え込みや、第三者からのアプローチの拒否などに対し、きょうだいの小さな実践の積み重ねが改善につながる。

さらに、第三者支援者と家族支援者との役割分担の最適化、給付金も絡ませてあるべき姿等が、今後の課題である。

④ 当事者の余暇活動の支援

在宅青年当事者達は、学校時代以外の友人（異性も含めて）がほしい、職場での付き合いで相談者がほしい、趣味を広げたい、資格を取りたい、旅行がしたい、祭りに参加したい、スポーツを楽しみたい、新年会忘年会などパーティーをしたい、自身が楽しめるものを見つけるためにもっと知識や経験を広げたいなど、毎日を豊かに過ごすことを望んでいる。

当事者の余暇活動には、青年学級、ボランティア団体、障害者余暇活動支援機関、学区体育祭、文化祭、地域の祭り（住民の誘いにより京都祇園祭に参加している人もいる）等、多彩な支援がある。同世代のきょうだいも、専門知識がなくても、心さえあれば楽しんで参加することができる。

参加することで、家庭内とは違った当事者の積極さにきょうだいが気がつき、当事者が抱えている問題を学ぶこともできる。さ

らに、きょうだい自身が新たなつながりを持つ機会にもなる。

　私と知的障害のある弟の場合：

● たくさんの「場」が点から面へと広がっていけば

　私がかかわった支援、1960年代後半の学園紛争学生時代（A：京都市）、1970〜1980年（B：東京都多摩地域三市）、2016〜2020年（C：京都市）の主に知的障害者男女の青年学級（4〜20人）の経験について要約する。

　これらは全て、必要性を最初に気がついたボランティア（元特殊学級の先生、親、きょうだい、公民館活動者）が先駆者である。

　AとBは、特殊学級中学校卒業生で会社、作業所勤めの在宅者、Cは、車椅子身体障害者、精神障害者、特別総合支援学校高等部卒業生、高等学校卒業生で勤労在宅者である。共通しているのは、**新たな友人や気楽に話せる家庭外の場を求めている**ことである。

　A、Bでは、お金の計算や使い方、日常生活で出くわす読み書きなど、Cでは、高校卒業資格獲得希望に沿ったNHK高校講座ビデオ学習と日々の出来事や趣味の会話である。

　それぞれ、新年会忘年会、繁華街での飲食や映画鑑賞を、A、Bでは、支援者やきょうだい達が主に準備企画したが、Cでは当事者自身が決めて楽しむようになった。後に、Aでは親の会が、Bでは小金井・田無・国立各市が、Cでは私の「ちいきの広場光」が後援団体である。

　これらの場が、「点から面に」と公の特別支援教育の生涯学級として、多数実現することを強く願っている。

⑤ 安心で楽しい居住場を確保する支援

　親亡き後を見据えた居住場、地域医療支援付き重度小施設、Ｇ
Ｈ、ＧＨサテライトホーム、宿泊体験居住場、支援付き一人住ま
い等については、自治体の窓口で情報収集、交渉・訪問、当事者
中心の地域関連チームのきっかけづくりが必須である。

　これは、私と弟との失敗経験から学んだ、最大の取り返すこと
のできない反省と後悔である（第２章・第３章参照）。

　このような相談、支援、決定、確保プロセスを保障する公的制
度が早急に確立されなければならない。きょうだい、親は、この
制度を要求し活動を実現することが最大の務めである。

　両親が亡くなる前から、当事者の地域で楽しく安心できる居住
場について、親の高齢、体力、持病、相続などを見据えて、親、
当事者、きょうだい、専門相談支援員を交えて話し合い、ＧＨ一
時居住体験等を積み重ね、居住場を得ることが必須である。

実例：（P67の実例を要約する）両親が亡くなり、知的障害者（56歳
男性・療育手帳Ａ）が自宅で一人となる。生前母が形式的につ
くったモニタリングチームに、別世帯の妹が働きかけ、当事者の
居住場を模索することとなった。当事者が通っている事業所所長
がチームを実質的なものにするように動いた。メンバー構成は、
市指定相談事業所、相談支援専門員の下に、日中デイケアの担当
者、事業所所長、ヘルパー、宿泊体験ＧＨ職員と妹である。当事
者は参加していない。宿泊体験をし、当事者は所長と話し合いな
がらつくった時間プログラムを認め、ＧＨの暮らしを実感し、経
験する。当事者は、「次はいつ」と気になっていたが、体験したＧ

Ｈから空きが埋まり利用できないと断られた。その後所長からは、次の宿泊体験の場を探しているとのことであった。24)

⑥ 当事者への偏見・差別の解消活動

　当事者への偏見・差別解消の活動は、具体的な交渉や要求窓口の学習などを、他団体と連携、参加の積み重ねが必須である。

　例えば、きょうだいとして経験している実態を知らせる、本の出版、各種情報メディアの活用や新聞投稿、地域活動団体（きょうだい会・親の会・障害者の会・多文化交流センター・社会的弱者の会等）や福祉事業所、自治会、行政担当、地域政治団体などのメンバーと知り合い、講演会、ビラ配布、映画会、学習会等の連携活動がある。

　実例：街中心部、京都駅近くで重度心身障害者中規模ＧＨ新設時に、町内会メンバーの反対運動が起こる。囲いをつくれ、地域不動産の価値が下落する……など。ＧＨ理事長等と町内会長らとの交渉後、ＧＨの見学を実施し、会議室の利用、交流などを積み重ねた結果、理解が深まりバザー等の応援が生まれた。8)

⑦ 当事者に必要な公的支援の要求・実現活動

　当事者に必要な公的支援の欠陥に対する要求・実現活動を他団体と連携して行う。

● **当事者に直接絡む制度：**

・当事者自身が意思決定できる**地域支援チーム制度の創設義務**の要求活動

・当事者自身が**選んで地域で住める各種居住場を急速に増やす**要求活動

・専門支援者数増員要求活動

・支援者待遇改善要求活動

・重度訪問介護制度の拡張適用（病気親、一人親、親亡き後、**重度制限撤廃**）の要求活動

● **親亡き後に関係する制度：**

・**親亡き後の公的地域一人住まい支援制度の創設**の要求活動（最近の少子化で、きょうだいがいない場合、最も深刻な問題である）

・親亡き後、きょうだいが支援者となる場合の給付金制度創設要求活動

● **窓口の完全オープン・制限フリー・支援力強化と活用参加：**

・誰でも参加できる具体的交渉要求活動、各種窓口の学習、他団体連携、参加、要求活動

実例：きょうだい会と親の会と各種福祉事業所連合体等が連携して、各種公的機関の諮問会議への参加要望、各政党への要望書渡し訪問、選挙投票の実現。

－私の場合－
つながりを生む場をつくる
ささやかな地域活動の積み重ね

　2011年5月に北海道大学（以下北大）を退官し、故郷の関西に帰ってきた。40年以上いなかった故郷に戻ってきた目的は、「地域社会貢献を少しでもしたい」ということだ。そのために"地域の人達とつながりをつくる"ことから始めた。

（1）「光夢倶楽部」
　　 －地域学習会－

● 実家をシェアハウスに改造して地域交流会を

　帰郷した年の暮れに、出入り自由で、各人が興味ある話題を提供する10人前後の交流会として、「光夢倶楽部」（無料）を立命館大学の客員教授をしながら始めた。最初のメンバーは、中高大の同窓生、実家の近隣者、北大時代の同僚で関西に戻られた人、弟の問題で世話になった障害者施設理事長などの人達である。

その後、空き家だった実家を全面リフォームし、シェアハウスとしてささやかな場とした。京都駅のすぐ南で、便利な場所だ。この辺りの地域には、部落問題、ゼロ番地問題、在日朝鮮人ヘイトスピーチ等の問題、暴力団問題、核家族化高齢者増加問題、障害者問題、空き家問題などが複合している。それらに立ち向かっている人達と出会うことができた。

　互いの関心事を知り合うために、毎回（出入りは自由で２、３カ月に１回）１人が資料を準備し話しをする。後半は、質問し、軽飲食し、歓談する。時には、二次会で飲みに行く。

　テーマは、「和洋創作舞踏」「ガウス曲線の両極端」「クラシック音楽」「新聞印刷昼夜逆転の仕事」「建築管理者の仕事」「レーザーって何」「日朝のいびつな歴史」「少年野球の指導」「明治以降の東九条の在日朝鮮人問題」「広島原爆で夫を亡くした近隣朝鮮高齢孤立者の心の傷」「東九条村の 500 年の歴史」「東九条近辺の部落問題及びゼロ番地問題の歴史」「よりそいホットライン活動」「地域弱者と天理教活動」等々、互いが知らなかった身近なことを広く深く学び、つながり、協力し合うきっかけとなった。先述のＪＣＩＬにも素晴らしい講演をしていただいた。

　2015 年 9 月以降、実家のシェアハウスをミーティングの場として利用した頃から、"地域の障害者問題"を中心に学び、それぞれが自身の生き方に活かすことになった。

　同時に、同窓生や近隣者に加えて、地域の障害者問題活動者、障害者施設理事長、ＧＨ理事長や施設長、就労支援事業所理事長や施設長、きょうだい会会員、地域包括支援センター長、中国人

実家をリフォームしてシェアハウス「ホーム・光」に

留学生、日本の大学の中国人教授等が話題提供者（手弁当）、参加者となった。

　テーマは、「知的障害者の一人住まい」「就労支援」「意思決定支援」「親亡き後の高齢知的障害者の住まい」「地域施設の居住場」「ＧＨの生活」「一時体験住まい」「きょうだいから見た知的障害者の在宅生活」「親から見た知的障害者の地域での暮らしの場」「知的障害者のパートナー」「障害者支援者・介助者から見た問題」「中国での障害者福祉の現状」「日中文化の違い」等々。

　学んだことや、大変厳しい現状をより深く鋭く多くの人達にできるだけ整理して伝えることの意義を痛感し、執筆するきっかけとなり、この本を書く動機にもなった。

　また、地域学習会活動の活用には、人材の育成がある。私は、「光夢倶楽部」地域学習会の参加を通し多くのことを学んだ。

まず、自己（私）が（過去／現在）知的障害者の弟との問題で経験、考え、判断、視野や行動について、より多面的に見つめ直すことができた。地域で出会った人達が、私自身が知らない多彩な差別等の経験から立ち上がって前向きに進めていく力の大切さと、そこから気づくアイデアや実践の大切さを学んだ。

　そして、社会的弱者に対する公的保障の欠如の現実、無理のない積み重ね活動による社会貢献の大切さ、自己に閉じこもらない、他者を排除しない、つながり、助け合うことの大切さを学んだ。

（2）多文化住民達の シェアハウスに

● 留学生、親亡き単身者とマイ研究室に

　2015 年 2 月　「光夢倶楽部」の活動を通して出会った多文化交流センターの方、及び教会の方から、中国からの留学生（4 名のうち 3 名の女子は北朝鮮国境近くの朝鮮族）が、民泊問題が絡み「居住場の問題で経済的に困っている」と聞いた。そこで、思いきって空き家だった実家を、多額の経費をかけてシェアハウスに大幅にリフォームし、低額で貸すことにした（同年 9 月）。保証人問題がネックであったが、解決できた。

シェアハウスのお披露目会

　毎月1回、団らん交流会を持ち、互いの文化、生活、歴史、経験、京都や近隣地域情報、大学生活等を楽しく学び合った。日本人は親切だがはっきり言わない、中国人は単刀直入であることなども知った。

　地域の体育祭にも参加した。彼女達が撮った写真の手渡しは、大変喜ばれた。高齢者との交流は、若者がいないために大変歓迎された。

　出入りはあったが、2018年12月まで続いた。みんな日本の生活を楽しんでいたが、大学に通いながら、バイトが夜中のコンビニの仕事や障害者介護の仕事と、ハードな日常の人もいた。

　最も大きな問題は、ほとんどの人が卒業後に日本国内で定常的な仕事を見つけることができず、中国へ戻らざるを得なかったことである。わが国の在留許可の厳しさが一因であるが、中には、日中の貿易会社に勤める人もいた。また、博士号を取り日本の研究所に勤める人もいた。

退去する時には、「ここで経験したことや、相手を思いやること
を忘れないでほしい」と伝え、毎回送別会をした。草の根交流が
活かせない壁を、痛感した。

　2019年12月からは、両親を亡くして10年、50歳単身で借金
があり、現住まいが老朽で出ざるを得ない男性に低額で貸すこと
になった。「光夢倶楽部」で出会ったJCIL活動者の紹介、支援
で始まった。

　毎月、近くのレストランで夕食会を行い、互いの経験や仕事、
希望等を話し合った。コンビニ派遣社員で夜遅くまでのハードな
仕事の毎日（土日必ず出勤）である。高齢者サロン（次頁）では、
得意なオセロゲーム等で参加している。

　しかし、現在（2021年4月）コロナ問題で、食事会やサロン
参加は中断している。

（3）シェアハウスで
高齢者サロンを開催

● 参加者を広げながら

　今や実家のある町内は、高齢者の住まい、空き家率は5割以上
で、高齢者の日常生活の孤独をどのようになくすかが、切実な課
題となっている。

参加者の個性と町の歴史が書かれた「オリジナル東九条かるた」づくり

　そこで、2015 年 9 月から、近隣の一人住まい高齢者、高齢夫婦のみ住まい、老老介護住まい（80 代後半以上）の高齢者サロン（無料）を、月 2 回シェアハウスで始めた。前述の教会牧師、留学生が教会で行っていた高齢者サロンを、彼らの協力でシェアハウスで行うことにした。

　町内会長の了解の下で、留学生と一緒にビラを持って高齢者各戸を訪問した。参加拒否されるセルフネグレクトの人もいた。その方は、後に孤独死されていた。教会での参加者の協力もあり、85 歳以上の 5 人の参加から始まった（男性 1 人・女性 4 人、一人暮らしが 4 人、難聴者、軽認知症者、足が悪い人など）。

　ビデオラジオ体操、座ってのボールゲーム、ビンゴゲーム、おしゃべり茶話会、聖書紙芝居、誕生日会等、参加者が能動的に参加することを大切にした。

　参加費は無料で、最初の 2 年半の経費は教会が支援した。後に、私が立ち上げた「一般社団法人ちいきの広場光」が支援した。

2018年3月からは、教会の支援がなくなり、私とシェアハウスの留学生2人、後にボランティアの若手女性、地域包括支援センター職員が支援することになった。

　参加者も、より広げた近隣に高齢参加者と一緒に戸別訪問をして呼びかけを行った。参加者は8人程に増え、聖書紙芝居の代わりに、各人の思い出を話す茶話会を大切にした。

　戦前戦中戦後の話、生まれ故郷の話、百人一首の名人、歴代天皇名暗唱の名人、グラマン射撃話、オセロ名人、切り絵名人、気配り名人等、みなさん喜々として話され驚かされてばかりである。

　2019年1月からは、60歳代仲良しレディー4人が、ボランティアとして加わりにぎやかになった。手作り料理名人や、毎回ゲームを工夫する人、部屋や台所を毎回清潔にする人と、一層楽しく会話することや、食事、誕生日会ができるサロンとなった。また、全員が参加して"東九条かるた"をつくり、これを使ってビンゴかるたゲームも楽しんだ。大学生も実習生として参加。

● 地域に互いがつながりを感じられる場が必要

　これまでに、18人の高齢者が参加している。2020年春からコロナ問題で休止せざるを得ない事態になったが、7月からは、月1回、少人数で1時間以内や、電話での会話やお便り通信と、工夫しながら少しずつ再開している。

　大切なことは、準備されたゲームや体操で体をほぐすことだけでなく、能動的にお気に入りの話をしてもらい、会話のキャッチボールをすることで互いのつながりができることである。

NHK高校講座をみて会話が広がる青年学級

　個々一人ひとりは、心身に問題を抱えながら極力孤立しないよう暮らしている。要介護の段階による制限が厳しすぎて、公による充分な経済支援がなく、当事者それぞれに合った訪問介護を利用できない高齢者がほとんどである。

　サロン参加者の、長年一人住まいの80歳代後半の女性（要介護4）は、介護者がいなくなる夜から夜中にかけて、シェアハウスの私や近隣高齢者宅に、テレビが映らない、知らない人がいて怖い、息切れがする、救急車を呼んでください等、入口のドアを叩いて頻繁に助けを求める。

　私、介護支援専門員、遠隔地住まいの子息、地域包括支援センター職員と相談会を持ち、解決案を模索している。週一回のショートステイを申請しているが、「空きがないので待ってください」と、いつも冷淡な答えである。亡くなるまで待てということなのか……。少人数高齢者サロンが、点から面に広がるためにも、各町内に一つは必要であると考える。

（4）知的障害者
「青年学級」

● 在宅青年達が必要としていること

　地域在宅成人知的障害者は、友人、会話の場、自立に必要な生涯学習の場を求めている。

　支援学校教頭と直接会い、私が在宅青年達の場の相談をした時の対応は二分された。初対面時の答えはどちらも、「京都市教育委員会と校長に相談してから後日伝えます。卒業後、生徒に必要なことはわかりますが……」だった。後日、肯定的にPTAに青年学級を紹介してくれた教頭と、否定的で何ら対応しなかった教頭。認識、実践の深さの違いが、必要とする青年達にどれだけ大きな影響を与えるかを実感した対応であった。

　私がかかわった「青年学級」については先述したが、現在シェアハウスでは、2週間に1回、約2時間、「青年学級」を開催している。私、留学生、大学同窓生、元特別支援中学校の先生が適宜、手弁当で支援している。参加は無料。

　具体的な目的は、自立に向けて自分でできることを増やすこと、そして、助け合い、感謝し合う友人をつくることだ。

　課題は、当事者が運営主体する、いわゆる健常者との分け隔てない生涯学習の実現であるが、公的支援の欠如も含めて、圧倒的

な支援者、ボランティアの不足がある。思いやりがあれば、誰でも支援者として参加できる。

　これらの場が点から面へ、公的の支援による生涯学習の場が多数実現することを強く願っている。

（5）障害者ときょうだいの現実と 啓発活動

● 障害者ときょうだいの現実的生活の本を出版

　1974年、私が提案し、編集責任を持ち、数人の仲間と協力して、きょうだい会・東京支部から本を出版した。26)
全国から原稿を募集し、生の声を集め、主に自己主張が不得手な知的障害者とその家族の多様な生活実態を、当事者と同世代のきょうだいから知らせた最初の本である（「ともに生きる」45編）。

　資金のないきょうだい会から本書の出版が無料で可能になった直接の要因は、青年学級ボランティア活動での私とN先生との偶然のつながりである。原稿が揃った時点で、既に了解していた出版社が断ってきた。

　見かねて共に活動していた東京学芸大学N助教授から日本放送出版協会の編集者を紹介していただき完成することができた。真摯な小さな積み重ね、活動のつながりがいかに大切かを学んだ。

公による基本的人権保障制度の欠如から生まれた、非専門家の家族と当事者が一緒に暮らす中で人間らしく生きるための模索・葛藤・もがき・自虐・人権軽視、さらには自死等が赤裸々にありのままに書かれている。当時大きな反響を呼び起こした。現在も、外部に現れにくいこの問題の根っこは変わっていない（復刻版がきょうだい会から販売されている）。

　「地域社会貢献を少しでもしたい」と始めた私の活動で学んだことは、まず、具体的な現実・問題点を深く鋭く知ること、次いでつながりをつくること。
　次に、問題点の優先順位をつけること（自身の個性も含めて）。
　そして、つながる努力をしながら問題点解決のために活動に一歩踏み出すこと。
　さらに、実践活動を少しずつ試行錯誤しながら積み重ねること。

　そして、そこから気づいたアイデアを活かすために、これらを繰り返すことである。

弟へ、「一日一日を楽しく仲良く健康に」

：京都で「醍醐の花見」

終 章

三面体多層連携構造の
共生地域社会を構築するために

　知的障害者当事者が、自立を目指して暮らせる地域社会として、連携構造体の実現に向かっていくことを願っている。それは、現状のように家族が私的に当事者を四六時中支えることが中心になるのではなく、当事者を中心に、三面体多層連携構造が底面の地域の上にしっかりと根づき、有機的に相互作用し、動的で柔軟に対応する共生地域社会である。

　当事者を核として取り囲む三面体多層連携構造とは、

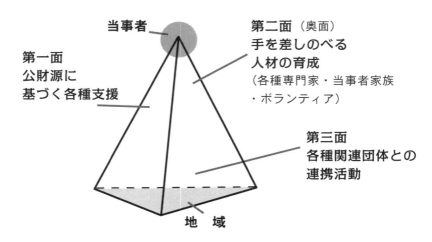

　この三面を柱とした、共生社会の構築である。

公財源に基づく各種支援

　公財源に基づく各種支援とは、即ち【公からの視点】である。必要者全員に行き届く公による場、人材、給付金等の基盤保障をつくる。以下の項目に要約できる。（本書に登場した実例を紹介しながら述べていく）

① 公的地域医療・居住場保障

● 地域医療、居住場の保障不足の現状

　実例：政令都市である京都市で、知的障害者で支援付き居住場が利用できる当事者は 10％。また、当事者の状況に合わせた選択ができる余地は全くない。さらにわが国全体で、支援付き一人住まいをしている知的障害者はわずか 3 ％。精神障害者は 10％台、身体障害者は 20％台。これがわが国の現実である。

② 公的専従者確保

● 専従者の確保不足の現状

　実例：重度障害の長女が事業所でいじめられ在宅となる。父と親族の間のトラブルで母がうつ病となる。長女が在宅後、母が全

般を介護。母が長女と入水心中未遂。未遂後、母は入院治療を始め、親族や行政の支援を受けながら長女と同居を続け自立への意思を示している。

③ 公的訪問相談支援介護保障

● 訪問相談支援介護の保障不足の現状

実例１：父が障害のある娘と無理心中。成年後見人が新聞が溜まっているのに気づきわかった。

実例２：いじめによりひきこもりとなった次女の面倒をみてきた母が１年前に亡くなり、父が重いうつ病となり自殺をはかる。それを知り次女とその姉が承諾して父に殺害された。

実例３：軽度な精神障害で無職の母が育児に悩み、健康な２児（４歳と８歳）と無理心中未遂。

④ 公的日中活動場保障

● 日中活動場の保障不足の現状

実例：母が「私が亡き後は障害のある息子を施設に入れないで」と娘に息子の世話を懇願。母は、息子と心中願望。娘が新聞に人生相談。

⑤ 公的余暇活動場保障

● 余暇活動場の保障不足の現状

実例1：当事者は、日常の多彩な話し相手、出会いの場、安心できる場を望んでいる。人から認められる充実感のある経験をつくり増やしたいと望んでいる。

実例2：相談者がほしい、趣味を広げたい、資格を取りたい、旅行をしたい、祭り、スポーツ、パーティーを楽しみたい、自身が楽しめるものを見つけるためにもっと知識や経験を広げたいなど、毎日を豊かに過ごすことを望んでいる。

実例3：地域、近隣、友人との交流から関係を学びたい。楽しいこと、したいことを見つけ、積み重ねて暮らしていきたい。異性の友人、パートナーや、家庭を持ちたいと望んでいる。

⑥ 公的経済保障

● 経済的支援の保障不足の現状

実例1：事業に失敗し多額の借金がある息子が、障害のある姉と認知症の母（承諾）を殺害、自身は自殺未遂。息子とその妻が姉と母を介護していた。

実例2：無職の母が息子2人と無理心中未遂。

実例3：財産管理の自己決定支援が必要。自己決定と成年後見人制度（主に財産の委託）。

手を差しのべる人材の育成

　手を差しのべる人材の育成とは、即ち、【人からの視点】である。積極的に手を差しのべる人の育成と共生の中身となる支援力、人権尊重力、協力、交流、学習。以下の項目に要約できる。（本書に登場した実例を紹介しながら述べていく）

① 公的専従者の支援力・包括力・人権尊重力のアップ

　実例１：重複障害の妹と兄とで暮らしている。兄は妹を理解できないもどかしさを感じている。居住場を公的機関に相談するが、「家庭で面倒を見たほうが本人のため」と言われる。

　実例２：「施設を出たい」と希望する当事者が、職員に「自分では何もできないでしょ、自分でできるようになってから」と反対され続ける。

　実例３：６カ月の重症児の母に対して医者が「うわあ、これは脳波はぐちゃぐちゃ、脳なんかないようなもん」と椅子にふんぞり返って言った。

　実例４：父が近隣者を気にして、精神障害の長男を檻に監禁。家族は何度か市の関係機関に相談したが、支援なし。

② 当事者親の支援利用力・交流力・人権尊重力のアップ

実例1：世間体を気にする父が、支援者からの当事者の就職の助言を拒否。母は当事者を家事手伝い者として隔離的扱い。次女には、「当事者を一生みろ」と言う。長女は当事者に自身の2人の子の子守をさせ配慮なし。次女は鉄道自殺した。

実例2：父母が知的障害のある長男を自宅の一室の扉を開閉できない状態で監禁。

実例3：母親が重い障害のある息子、手足麻痺の実父、認知症の実母を介護。ヘルパー派遣及びショートステイを利用して暮らしている。

③ きょうだいのボランティアの 参加・協力・役割力のアップ

実例1：きょうだいが支援団体等に労働の提供、寄付、ボランティア活動、アイデアを出すなど。

実例2：きょうだいがボランティアとして青年学級に参加。

④ ボランティアの育成・発掘・量的アップ

● ボランティアの長所と役割
ボランティアの長所には、以下の点がある。
・規制や常識にとらわれずに、アイデアを試みることができる
・隙間を埋めるきっかけとなる

・先端を切り開く

・出入り自由、資格不要、年齢制限や男女差別なし

・自己申告で役割が決められる

・お金や上下関係に縛られないで自己の意志で決められる

・無理なく持続可能

・ものより人や心の充実を、ルールより柔軟な共助活動づくり
　ができる（既成組織は、諦めに加えて、現状を肯定し問題点
　を見失うこともある）

　そして、ボランティアの役割として、ケアには種々のレベルが
必要である。例えば、ケア者には、専門家、ボランティア、近隣
者、地域の第三者も含めて、賃金をもらう人から、もらわずに時
間や知恵を使い、労働し、人間性を発揮し、よりそいをする人ま
でいる。ケア者一人の中には割合は別として、両者がある。

　こうした人達の連帯、連携が、ボランティアの常識を育て、自
然な振る舞いを育むのである。

　どんな人でも、地域を良くする能力や知識、経験、技術を持っ
ていて、実践して初めて意義あるものとなり、新たな実践につな
がることができる。ボランティアには、当事者や専門家や支援者、
家族にないものがある。

　しかし、ボランティアの短所として、経済基盤が弱い、無責任
になりがち、活動の可能時間が限られることなどもある。

　これらを自覚した上で、助け合い者としてのボランティアの役
割の明確化、発掘、量的な拡大が、地域コミュニティの組織の制
度化の突破口となっていくと考える。

⑤ 近隣、自治会の利用・協力・役割力アップ

実例１：市営住宅に一人住まいの知的障害者が、亡くなっていた。亡くなる前に兄に「自治会にさらしものにされる」と。

実例２：祖母が障害のある孫娘と無理心中。近隣は若い女性が一緒に暮らしているとは全く知らなかった。

実例３：親が亡くなり自宅で一人で自由に住み続けたいと強く意思表示する知的障害者によりそい、地域メンバーが連携して定期的な会議を開き、日常的な接点を多様につくる支援を行っている。

実例４：心の資源の芽を育む地域ネットワーク、声かけを育てる。

⑥ 地域学習会活動の活用

実例：私が、「光夢倶楽部」の地域学習会の参加を通して学んできた点を述べる。

・知的障害者の弟との問題での孤立感からの解放

・様々な差別等の経験から立ち上がって、前向きに進めていく力の大切さ、そこから気づくアイデアや実践の大切さ

・社会的弱者に対する公的保障の欠如の現実

・無理のない積み重ね活動による社会貢献の大切さ

・自己に閉じこもらない、他者を排除しない、つながることの大切さ（第7章から要約）

各種関連団体との連携活動

　各種関連団体との連携活動、即ち、【つながるからの視点】である。広げる情報、理解、連携、活動体、要求、実現活動の実態となる、つながる、PR、要求、交渉、実践、具現。以下の項目に要約できる。（本書に登場した実例を紹介しながら述べていく）

① 関係者とつながる・活動体づくり

　実例１：活動体づくり。地域学習会、青年学級・高齢者サロン、留学生住まい、親亡き後の住まい支援。一般社団法人 "ちいきの広場光" の試み。（第７章・第３節を参照）

　実例２：各町内にＧＨや家機能を持った居住場。地域に広場をつくる。無理のない実践を、小グループで多数の場所で育てる。自己決定を支えるパーソナルアシスタント制度を育てる。友人や相談、支援の輪を広げるコンタクトパーソン制度。6、52)

② 関連機関の利用や関連団体・機関との連携

　実例１：地域包括支援センター・町内会・民生委員・デイケア・NPO グループホーム・家族会・兄弟会・老人クラブ・社協・ボラ

ンティアセンター・公的情報メディア等の活用連携。同窓会・町内会・隣組・地域包括支援センター等の活用。

　実例２：地域支援登録制度、多様な内容で自選登録ヘルパー制度（スウェーデン）、6) ボランティア登録制度を育てる。

　実例３：前述の"ちいきの広場光"の活動を通しての地域包括支援センター・ＪＣＩＬ・ピープルファースト・多文化ネットワークサロン・きょうだい会・社会福祉専門家・多彩な高齢者ボランティア等との柔軟な連携の試み。（第７章・第３節を参照）

　障害者を核とした立体多層構造で、各種団体、地域が連携した共生社会の原型となることが期待される。例えば、先行特区地域で実施、研究、開発する。Ａ市に住んでいる全ての在宅成人知的障害者が、全て自分で選んで住める各種居住場をその町中に点在させる。そのためには、公的支援も必要である。

③ 蔑視・偏見・いじめ・差別の無関心層・偏見差別層・関心層への伝達

　企業も含めて、障害者に対する偏見をなくすには、風評でなく科学的知見、客観的事実、実践の繰り返し、就労の成功事実、情報の積み重ねが必要である。また、小さい時からの共生社会教育や経験、体験が必須。SNS や Web、新聞投稿、出版などのメディアを活用した、共生社会の提案、実践をＰＲする。

　実例１：ＧＨ、施設をつくるのは断固として反対の町内会長関係者に対し、交流を行い、助け合い活動が始まった。

実例２：障害者とその家族の生活実態を伝える「ともに生きる」の本の出版等。

　多様な知的障害者、関係者、無関心者にとって参考となる広範囲な具体例をまとめた「自己意思決定と支援」辞典の作製、発刊、本書の発展版が今後の課題である。

④ 公的機関への交渉要求実現活動・関係団体の連携要求

　当事者の会、きょうだい会、親の会、福祉事業所などが連携して、自治体、省庁、国会、各種活動委員会での要求交渉活動、署名運動。

⑤政治家・政党への要求実現活動

　今後の課題として、現実認識に基づく共生社会の実現への投票による意思表示。政治家・政党の活用。福祉政策が、排除でなく共生社会への実践へ言行一致の確認。

― むすび ―

提言 ― 当事者が自立して暮らせる地域を目指して

　知的障害者当事者の暮らしに絞って、最低限の提言を以下に列挙する。

1、必要な全ての当事者が地域で暮らせる、介護・療育・支援付きの一人住まいとＧＨを完備する。

2、必要な全ての当事者に、徹底して行き届いた訪問介護・療育・支援を実施する。セルフネグレクト者には、「あなたが精一杯暮らしておられることが嬉しいんです」と繰り返し伝え、見守る。

3、当事者と地域住民は、無理のない範囲で継続的に声かけをはじめ、つながり、助け合い、感謝の習慣を育む。

4、当事者と地域住民とが楽しみ合える場を、点から面へ、各町内に一つ完備する。

　本書で書かれたことを公にすることによって、当事者、家族、支援者など、関係者が傷つかないことを願っています。参考文献として利用した多くの著書、著者に感謝します。

付録

排除の論理　VS　共生の論理

排除の論理

　仮に世の中に全く役立たない人がいるとして、その人をケアする必要は全くない。6) 弱者は、経済社会発展の足を引っ張っていて発展の妨げとなっている。余裕分で福祉に回す。

　排除の論理には、「抹殺ー見捨てるー隔離ー監視ー支配ー排除ー区別保護ー格差ー無視ー無関心ー差別ーいじめー偏見ーヘイトスピーチー優越ーエゴ」の流れがある。

（1）　格差無視の論理

　人権（住・食・学び場）を保障するために、ケアする必要はない、自身が解決すべき問題である。6)

　① 自身の分は自身で稼げなければ、生きている意味はない。社

会に迷惑をかけないようにする（反論として、映画「こんな夜更けにバナナかよ」（2018 年）より、「迷惑かけないと人は問題に気づかない」）。17)

　② 最高所得 0.1％の人達の所得は、99.9％の人達の全所得和より大きい。47)

　③ 支えない公助＞つながらない共助＞孤立している自助＞踏み出せない自助

（2）　再生産必須の論理

　再生産労働・金儲けができる・生産力の維持・社会秩序維持に役立つためにケアが必要である。6)

　① 金（経済）が全て（反論として、「生きがいには一定の金は必要条件ではあるが充分な条件ではない」）。

　② 生産者でないとだめ（有限であるから控えるべき。金持ちが投資して経済が発展する投資資本主義ー投資経済は実体経済と完全に遊離しているー金が余っている富裕層がマネーゲームとして経済をもて遊んでいるー格差がますます拡大する）。

　③ 自身の人権保障は、自身の金でまかなえ。

　④ 経済発展がない限り、必要な人権保障資金はつくれない。

　⑤ 税金のおかげで（保障され）生きられている。税金を払わないと成り立たない。

　⑥ 税再分配は、経済発展のために最重要。福祉を支えるためではない。

⑦ 高所得者の税金を高くすると、高所得者が働かなくなる。海外逃避が起こる。経済が悪くなる。分配を受けた低所得者が働かなくなる。しかし、レーガン元米合衆国大統領・サッチャー元英国首相のこの政策「新自由主義」は失敗し、米・英は方針を変えたが、日本は続けている。所得税金をごまかせる機関が国外に存在している。

⑧ できる（結果）が最重要、プロセス（過程・状態）ではない。（反論として、「現状肯定であって、理想追求がない、これではアイデア・問題解決案が生まれない」）。

（3）　エゴの論理

自分さえ良ければOK。

① 自分ファースト（経営者・政治家・トランプ元米合衆国大統領・自国ピラミッド）

② 自身の欲望を満たすことが最重要。

③ 一人ひとりは違うから共存は不可能。現実を知らなすぎる、絵に描いた餅（反論として、「現実に対する諦めからは進歩は生まれない。人類が生まれてから現在までの歴史が示している。より多くの人達がより長生きできる社会に、格差は数十年の周期で振動しながらベターになっている」）。47)

共生の論理

　全ての人を平等に尊重することを各人が遵守し、支え合うことを一個人の行動原理として、互いに思いやる心を持つ人々で構成する社会。ソフト面（心の資源の整備・真の自立人間）、心を育む社会。

● 心の資源の整備

　①"人として"　平等に尊重する感覚を育てる。

　② 全ての人にとって、幸せであることの必要条件は「生きていることが認められていること」。

　③ 個人のためにグループや組織、ルールがあり、それらのために個人があるのではない。

　④ 自分に合ったものを見つけ、それを接続して社会貢献する。問題は身近な所にいくらでもある。

　⑤ 必要とされる個人と必要とする個人の関係性を、積極的に育む。

　⑥ 心（相互尊敬）の問題、基本的人権保障のために利用者とケア者の両者に、人格の尊重、信頼、喜び、人間性の理解を育む。
53)

　⑦ 問題意識を持つことから生きがいが始まる。

　⑧「リアル化」のために想像力を働かせる。

⑨ 自己の実践知から学び創り出す。

⑩ 負の視点を卒業する。

⑪ 人間諦めたら、日々の生活に追われる受動的世界になる。逆に、あらゆることを諦めなかったら支離滅裂になる。優先順位をつける。覚悟を持った楽観主義、諦めを生む悲観主義ではなく。心の綱引きが思考力を育てる。

⑫ 物質的な欲望に対し足るを知る。他助論的な実践や、やすらぎに対し貪欲になる。

⑬ 絶対的なもの（あるべき姿、共に生きる）を求めつつ相対的に生きざるを得ないとして生き続ける。

⑭ 程度の差はあるが、各個人の心の中に差別感が潜んでいる。

共生の土台

● 基本的人権の保障

基本的人権（住・食・教育・労働）を経済的に保障する（憲法11条）。社会のインフラとして、人間として、生きる基盤のある社会として、ハード面（資源）の整備。

① 人権及び働き場の保障、選択可能な家族の持ち方の保障のための、現代人の精神面、経済面でのゆとり、社会福祉の大幅な充実。57)

②「基本的人権保障」のための税金の利用は、一人ひとりがもれなく尊厳を持った社会の構成員となる費用。18)

③ 心の資源のつくり方と、税の再分配の仕方の最適化。税の再分配と生産性の向上に代わる、支え合うシステムづくり。後者の中身を明確にし育てる。

④ ケアの量的質的問題。ケアには種々のレベルの認識が必要。連帯連携、自然な振る舞いを育みシステム化されなければ、人権保障は絵に描いた餅となる部分がある。

⑤ 障害のある人が、自ら介助者を選びケアに関する予算を管理することを可能にする法律の明確な制定。イギリスでは、1996 年に制定された（パーソナライゼーション）。52)

⑥ 高い累進課税を行い、47) 人権保障のため及び平均所得者の所得を高くし、その人口を増やすため、所得格差が少なくなるように税を再分配する。

⑦ スウェーデンでは、国税 30％、地方税 20％、消費税 25％ 6) 選択可能多様場・数とも OK＋障害者に 80％給与の負担。20 年間で経済成長 1.6 倍、日本 1.16 倍。18 歳以上には家族に連絡する前に本人同意が必要（自立した人間としての自己決定権保障）。人口 1000 万人弱。6)

⑧ 人権保障重点の予算配分。参考としてコスタリカでは 1948 年以来非武装を制度化し文化にまで昇華させ、福祉・環境の充実、医療と教育の無料、軍事費ゼロ軍隊廃止とし国の安全は警察で十分であるとした（憲法 9 条）。ノーベル平和賞受賞 1987 年オスカルアリアスサンチェス・2016 年地球幸福度指数 140 カ国中世界 1 位。50) 人口 500 万人。

⑨ 人権保障者を政治家として選挙で選ぶことが可能（武力や一党独裁でなく）。言行一致の視点から政治家を選ぶ。政治家は税再分配、予算、人事、ルールの決定執行の権限と責任を有している（政治家曰く、8割は直接の利害で2割が理念で投票する。約5割が選挙を棄権するので当選確保数を計算できると）。

● 歴史が証明している

① "歴史は教えている" 人間は「個々の欲望」と「互いに助け合わないと生きていけない」という矛盾を持っている。ネアンデルタール人は、自身の欲望を追求したために滅びた。

② しかしその後、2000年前（世界人口3億人・日本0.02億人）、現在（同70億人・同1.3億人）49) と圧倒的に多くの人が生きられ、且つ長生きできる社会になっている。

③ 昭和の時代までの家族や地域が果たしてきた役割が、核家族化等のため消失し、その役割を地域化・社会化しないと今や社会は成り立たない。

根っこは同じ

① "障害者は社会の鏡"。57) 第2ステージとして「つながっている社会」への展開。

② 障害者問題は、問題を普遍化することによって他の社会問題と根っこはつながっていて、万人にとって共通の根底的な答えを生み出す。6) 各人は、違う点もあり同じ点もある。

③ 障害者と健常者は、連続線上（連続スペクトル）でつながっていて、行き来もしている。

④ 誰にでも発達には凹凸があり、タイミングの違いがある。

⑤ 障害者問題は、問題を深く掘り下げ一般化普遍化すると、他の社会問題と根っこはつながっている。

⑥ 健常者は、深い部分で障害者の存在を必要としている。

⑦ 一般の人の働き方の様々な問題が、多様な障害者の個々の問題に凝縮されている。

⑧ 人々の様々な広義の機能不全がハンディにならないような社会をつくっていけば、障害者という区別はなくなる。

⑨ 障害者は、「高齢者社会の大きな案内人」。

⑩ 生涯において誰でも弱者となる。助け合う制度が必要。

⑪ 介護、介助は両者（障害者と支援者）にとってお互い様。

参考文献

---

1) 朝日新聞朝刊（2018 年 4 月 10 日・2018 年版厚生労働白書）

2) 『シリーズ INDEPENDENT LIVING2020　第一夜「知的障害者の 1 人暮らし」』（NHK Eテレ・バリバラ・2020 年 11 月 19 日）

3) 『戦後における「親による障害児者殺し」事件の検討』（夏堀摂・社会福祉学第 48 巻第 1 号・2007 年）

4) 「母よ！殺すな 2012」（杉野昭博・新聞記事検索による統計研究・関西学院大学杉野ゼミ 2 期生・2012 年）

5) 朝日新聞記事データベース 聞蔵Ⅱ

6) 「入所施設だからこそ起きてしまった相模原障害者殺傷事件」（河東田博・現代書館・2018 年）

7) 「差異と平等」（立岩真也／堀田義太郎・青土社・2012 年）

8) 山下幹雄主催「光夢倶楽部」地域学習会（2017 年 12 月）

9) 山下幹雄主催「光夢倶楽部」地域学習会（2019 年 11 月他）

10) 映画「道草」（監督宍戸大裕・公式パンフレット・2019 年）

11) 朝日新聞 be（2020 年 6 月 13 日）

12) 『「トイレに腰かけたまま白骨化」父母を亡くした 30 代女性はなぜ孤独死したのか』（高江洲敦・プレジデントオンライン・2020 年 11 月）

13) 山下幹雄主催「青年学級」

14) 「高齢知的障害者支援のスタンダードをめざして」（国立重度知的障害者のぞみの園・2014 年）

15) 映画「インディペンデントリビング」（監督田中悠輝・公式パンフレット・2020 年）

16) 「障害福祉サービス等の提供に係る意思決定支援ガイドライン」（厚生労働省・2017 年）

17) 「なぜ人と人とは支え合うのか」（渡辺一史・筑摩書房・2018 年）

18) 「障害者の傷、介助者の痛み」（渡邉琢・青土社・2018 年）

19）「ＪＣＩＬにおける知的障害者への支援」（ＪＣＩＬ小泉浩子・光夢倶楽部学習会での講演・2019 年 5 月 25 日）

20）「私たちは日本自立生活センター（ＪＣＩＬ）です」（パンフレット及びホームページ）

21）「私の事はあたりまえに自分で決めたい。手伝ってね！！」（福島県知的障害施設協会人権・倫理委員会・2016 年 1 月、2019 年 1 月、2020 年 1 月）

22）「事例で学ぶ 福祉専門職のための意思決定支援ガイドブック」（名川勝／水島俊彦／菊本圭・中央法規出版・2019 年）

23）「障害保険福祉のしおり」／別冊（京都市保健福祉局障害保健福祉推進室・2017 年）

24）山下幹雄主催「光夢倶楽部」地域学習会（2020 年 8 月 22 日、11 月 7 日）

25）「事例で学ぶ障がいのある人の意思決定支援」（小澤温／大石剛一郎／川崎市障がい者相談支援専門員協会・現代人文社・2017 年）

26）「ともに生きる」（全国心身障害者をもつ兄弟姉妹の会東京支部／山下幹雄／山下壽子ら篇・日本放送出版協会・1974 年）

27）「ホーム・光」（ちいきの広場光ホームページ）

28）「障害者の意思決定支援のあり方について」（柴田洋弥・月刊「ノーマライゼーション障害者の福祉」・日本障害者リハビリテーション協会・2013 年 6 月号）

29）朝日新聞朝刊・2020 年 8 月 1 日

30）「知的障害者の意思疎通を考える」（宗澤忠雄・ひょうごかぞくねっと中央研修会・2015 年）

31）「重度知的障害のある人の意思決定支援について」（友愛みどり園職員研究集団）

32）「きょうだいは親にはなれない…けれど・ともに生きる PART2」（全国障害者とともに歩む兄弟姉妹の会東京都支部編・ぶどう社・1996 年）

33）「きょうだいだって愛されたい」（全国障害者とともに歩む兄弟姉妹の会編・東京都社会福祉協議会・2006 年）

34）「殺す親 殺させられる親」（児玉真美・生活書院・2019 年）

35）「施設とは何か」（麦倉泰子・生活書院・2019 年）

36）Yahoo! ニュース（47NEWS・2020 年 10 月 28 日）

37）朝日新聞朝刊（2020 年 10 月 29 日）

38）『事件の涙　Human Crossroads「"気づかれなかった障害"とともにえん罪からの再出発」』（NHK 総合「ストーリーズ」・2020 年 9 月）

39）朝日新聞朝刊（2021 年 1 月 16 日）

40）朝日新聞朝刊（2021 年 1 月 23 日）

41）「障害者の暮らしに関する課題検討報告書」（兵庫県障害福祉課・2017 年）

42）「重度訪問介護　参考資料 1」（厚生労働省・2017 年）

43）「親亡き後等の問題解決策検討結果報告書」（別府市親亡き後等の問題解決策検討委員会・2016 年）

44）朝日新聞朝刊（2019 年 2 月 28 日）（厚木精華園報告書）／「守山いきいきプラン」（2018 年）

45）『しずおか保険医新聞「主張」』（静岡県保険医協会・2019 年 9 月号）

46）「障害保険福祉施策の動向について」（厚生労働省・2018 年）

47）21 世紀の資本（トマ・ピケティ／山形／守岡／森本訳・みすず書房・2014 年）

48）朝日新聞朝刊（2020 年 10 月 31 日）

49）国連人口基金等

50）映画「コスタリカの奇跡」（監督マシュー・エディ・2016 年）

51）赤旗新聞（2019 年 1 月）

52）「パーソナルアシスタンス」（岡部耕典・生活書院・2017 年）

53）『依存からの脱出ー「障害者」自立と福祉労働運動』（渡辺鋭気・現代書館・1977 年）

54）『"「親亡き後」の障害者の生活支援に関する考察"』（川向雅弘・聖隷クリストファー大学社会福祉学部紀要 No13・2015 年）

55）「知的・発達障害のある人の意思決定支援について」（又村あおい・横浜市自閉症児・者親の会総会研修会資料・2018 年）

56）『知的障害のある人たちと「ことば」』（打浪文子・生活書院・2018 年）

57）「障害者の経済学」（中島隆信・東洋経済新報社・2018 年）

著 者

山下 幹雄 （やました みきお）

1946 年、京都市生まれ。
1970 年、京都大学大学院修士課程を修了（1976 年同大学から工学博士を授与）。
1970 年、通産省電子技術総合研究所（現経産省産業技術総合研究所）に勤務。
　　　　（1978 年、1 年間、英国ロンドン大学インペリアルカレッジで招請研究員として勤務）
1991 年、通産省電子技術総合研究所退職。
1991 年、北海道大学工学部に教授として勤務。
1996 年、ノーベル財団からノーベル賞受賞候補適任者の推薦依頼を受ける。
2010 年、改組により北海道大学大学院工学研究院応用物理学部門（極限量子光学研究室）に教
　　　　授として勤務。その間、中国天津大学及び、北京大学非常勤講師、立命館大学客員教
　　　　授も兼務。
2011 年、退官。
現　　在、北海道大学名誉教授、公立千歳科学技術大学客員教授、京都光技術研究会会長。

最近の著書
2013 年、「光ー宇宙・生命と極限技術のフロンティアー」を出版。
2017 年、「10 万年待てますか？ー放射性廃棄物は極限光（レーザー）技術を使ってなくすこと
　　　　ができるー原子炉を使わない方法ー」を風詠社から出版。
2005 年、シュプリンガー社（ドイツ）からの要請により、CREST の研究成果に関する英文書
　　　　籍（約 400 頁）を出版。大英国立図書館にも所蔵されている。
　　他にも著書及び特許多数。国際的な専門論文誌に掲載された英語論文は約 120 篇、それらを
参考文献として引用された数は 2000 件以上にのぼる。

1968 年〜 1980 年、京都、東京で、知的障害者青年学級活動を行う。
1970 年、京都で障害者を持つ兄弟姉妹の会を設立。
1974 年、「ともに生きる」（日本放送出版協会、現ＮＨＫ出版）を編集責任者として出版。
2011 年、京都市で地域交流学習サロン「光夢倶楽部」を始める。
2015 年、経済支援と地域交流福祉活性のために留学生用シェアハウス「ホーム・光」を開始。
2015 年、他のＮＰＯと協力して地域高齢者サロンを開始。
2017 年、「一般社団法人ちいきの広場光」設立。
2017 年、京都市で障害者青年学級開始。

親が亡くなった「ぼくは、どこで暮らしたらいいんや」
きょうだいからみた “知的障害者の地域生活の現実” と
その根っこの問題

著　　者　　山下 幹雄

初版印刷　　2021 年 6 月 15 日

発行所　　**ぶどう社**
　　　　　編集／市毛　さやか
　　　　　〒 154-0011　東京都世田谷区上馬 2-26-6-203
　　　　　TEL 03（5779）3844　FAX 03（3414）3911
　　　　　ホームページ　http://www.budousha.co.jp

　　　　　印刷・製本／モリモト印刷　用紙／中庄

ぶどう社の関連書

「地域に生きて」
[親亡き後の支援を考える～看取りまでできるか]

● 明石邦彦・明石洋子・他著　　本体1800円＋税

親あるときも親亡き後も「障害者が地域で生きる」ための実践の記録。

明日の障害福祉のために

● 浅野史郎著　　本体1700円＋税

「浅野史郎が語る障害福祉と私」の回顧録。

庭に小さなカフェをつくったら、
みんなの居場所になった。
[つなげる×つながる　ごちゃまぜカフェ]

● 南雲明彦編著・みやの森カフェ著　　本体1600円＋税

福祉でもない、支援でもない新しい形の居場所。

障害者のリアル×東大生のリアル

● 野澤和弘編著・「障害者のリアルに迫る」東大ゼミ著

　本体1500円＋税

現役東大生11人が障害者のリアルに触れ自分自身のリアルに迫る。

「寝たきり老人」のいる国いない国

● 大熊由紀子著　　本体1456円＋税

[真の豊かさ]とは、熱い想いをこめた書き下ろし！

お求めは、全国書店、ネット書店で